Carsten Peter Thiede & Urs Stingelin
Die Wurzeln des Antisemitismus

W0072990

Carsten Peter Thiede & Urs Stingelin

Die Wurzeln des Antisemitismus

Judenfeindschaft in der Antike, im frühen Christentum und im Koran

Brunnen Verlag · Basel und Gießen

ABCteam-Bücher erscheinen in folgenden Verlagen:

Aussaat Verlag Neukirchen-Vluyn
R. Brockhaus Verlag Wuppertal
Brunnen Verlag Basel und Gießen
Christliches Verlagshaus Stuttgart
Oncken Verlag Wuppertal und Kassel

Bibliografische Information Der Deutschen Bibliothek

Die Deutsche Bibliothek verzeichnet diese Publikation in der
Deutschen Nationalbibliografie; detaillierte bibliografische
Daten sind im Internet über http://dnb.ddb.de abrufbar.

Alle antiken Zitate und auch die Bibelstellen sind, soweit nicht
anders angegeben, von den Autoren neu übersetzt worden.

4. Auflage 2003
© 2002 by Brunnen Verlag Basel
Umschlag: Michael Basler, Lörrach
Bild: Getty Stone, München
Satz: Bertschi & Messmer AG, Basel
Druck: St. Johannis Druckerei, Lahr

Printed in Germany

ISBN 3-7655-1264-8

Inhalt

1. Kapitel

Die Einleitung
zum brisanten Thema

In Rom, am Eingang zum ehemaligen Ghetto, steht die mittelalterliche Kirche San Gregorio a Quattro Capi. Hier mussten sich die Juden seit 1278 wöchentliche Zwangspredigten anhören. Erst 1847, unter Papst Pius IX., wurde diese Praxis beendet. Doch noch heute ist über dem Portal der Kirche, wie ein historisches Dokument, eine Marmortafel angebracht. Gut lesbar steht dort in hebräischer und lateinischer Sprache der Text aus Jesaja 65,2: *«Ich streckte meine Hände aus den ganzen Tag nach einem ungehorsamen Volk, das nach seinen eigenen Gedanken wandelt auf einem Wege, der nicht gut ist.»*

War der Prophet Jesaja, indem er Gott so sprechen lässt, ein «Antisemit»? War er, um den erst im 19. Jahrhundert eingeführten, «rassistischen» Begriff des «Antisemitismus» nicht schon an dieser Stelle missverständlich klingen zu lassen, ein «Judenfeind» oder «Judenhasser»? Waren erst jene Christen, die Jesajas Vers sichtbar vor dem Ghetto anbrachten, «Antisemiten»? War schon der Jude, Pharisäer und Apostel Paulus ein Judenhasser, als er diesen Vers in seinem Brief an die Römer zitierte (Römer 10,21)? Anders gefragt: Wann begann der religiös bestimmte Antijudaismus, und wie unterscheidet er sich vom «rassistisch» verstandenen «Antisemitismus»? Was sind sie, wie wurden sie rezipiert und praktiziert? Wann wird aus der Sachkritik an bestimmten Vorkommnissen, Verhaltensweisen oder Riten, wie sie auch gegenüber nichtjüdischen Bevölkerungsgruppen oder Nationen zu jeder Zeit erhoben wurden, ein spezifischer Hass gegen das jüdische Volk oder gegen seine Religion, der anders oder schärfer zu beurteilen und zu verurteilen wäre als beispielsweise der einst in Deutschland propagierte Franzosenhass oder der modische Anti-Amerikanismus?

Forschungsliteratur zu diesen Themen gibt es in nahezu unüberschaubarer Fülle. In immer neuen Anläufen werden die unterschiedlichsten Ausprägungen der Judenfeindschaft untersucht. Vor allem der von den Nationalsozialisten betriebene Holocaust, die «Schoah», ist in einer keineswegs abebbenden Flut von Studien analysiert worden. In der unmittelbaren Gegenwart wird die Renaissance des Judenhasses in Frankreich, deren Ausmaß weit über die noch immer spürbaren antijüdischen Vorkommnisse in Deutschland hinausgeht, mit Verwunderung und Betroffenheit kommentiert. Und es ist eine bemerkenswerte Tatsache, dass Frankreich das einzige Land ist, dessen höchster Kardinal, Jean-Marie Lustiger, stolz und zu Recht betont, Jude zu sein. Der – bis in die von der Europäischen Union finanzierten Schulbücher hinein – unverhohlene Hass auf die Juden, wie ihn die palästinensischen Muslime und Christen lehren und fordern, verbindet «Rassenhass» mit religiöser Feindschaft und bezieht sich auf den Koran ebenso wie auf frühchristliche Quellen. Eine Liste der modernen, nach der «Schoah» eben keineswegs abgeschlossenen Phänomene ließe sich mühelos fortsetzen.

Das Ziel unseres Buches ist jedoch nicht, Aufzählungen zu ergänzen oder zur Forschungsliteratur weitere Kommentare und Analysen hinzuzufügen. Wir wollen es den Lesern möglich machen, auf der Grundlage der ältesten Quellen ein eigenes Bild von den Ursprüngen und Motiven des so genannten Antisemitismus zu entwickeln. Erst so lässt sich erkennen, woher die unterschiedlichen Ausprägungen der von Peter Schäfer so betitelten «Judäophobie» stammen, und erst so können wir den Geschehnissen der Vergangenheit und Gegenwart gerecht werden.

Im Blick auf die Quellen lässt sich auch der häufig verworrene Sprachgebrauch klären. Denn den Begriff des Antisemitismus (den Hass auf das Volk) gibt es nun einmal erst seit dem 19. Jahrhundert, als in der Folge der Aufklärung die alten klerikalen, nur aus biblischen Zusammenhängen heraus zu verstehenden Formeln wie «Gottesmord» nicht mehr verwendet werden konnten. So wurde dann auch der Begriff der «Rasse» erfunden, letztlich nur mit dem Ziel, ungebrochen den Hass auf die Juden fortsetzen zu können, ohne noch auf die klassischen religiösen Argumente zurückgreifen zu müssen. Auf diese Weise wurden Menschen plötzlich zu einer geradezu tierischen Vielfalt von Ratten, Fliegen und Ungeziefer. Sicher trifft es zu, dass sich seit 1945 nicht nur Wissenschaftler, Theologen und Journalisten darum bemühen, diese von den Nationalsozialisten zur tödlichen Konsequenz geführten Theorien als historischen und sprachlichen Unsinn wieder abzuschaffen. Doch die Begriffe wollen ebenso wenig aus der öffentlichen Debatte verschwinden wie die Menschen, die sie gegen die Juden anwenden.

Umso mehr muss einen in Anbetracht des Gesagten die Unachtsamkeit einiger Übersetzer antiker Quellen überraschen, die das griechische Wort für «Volk/Nation» oder «Nachkommenschaft» exakt mit dem in diesem Kontext unbedingt zu vermeidenden Begriff «Rasse/race» wiedergeben: so zum Beispiel F. R. Walton und H. St. J. Thackeray in ihrer sonst sicher sehr guten Übersetzung Diodors bzw. Apions, die beide Eingang gefunden haben in die renommierte Loeb Classical Library [vgl. Diodorus of Sicily, Fragments of books 33–40; with an English transl. by F. R. Walton, London 1967, und Josephus, The Life/ Against Apion; with an English transl. by H. St. J. Thackeray, Cambridge/Massachusetts/London 1997 (Nachdruck von 1926)].

Es bedeutet kaum eine Verbesserung des Zustands, wenn wir den «rassistischen» Hass vom Antijudaismus trennen, der religiös begründeten Feindschaft. Und es hat bisher auch kaum zu einer Bereinigung der Missverständnisse geführt, wenn der Begriff des Antisemitismus so gedeutet wurde, als bezeichne er «eigentlich» die Feindschaft gegen alle semitischen Völker, also auch gegen die Araber, und dürfe daher nicht allein für den Hass gegen die Juden benutzt werden. Philologen weisen zu Recht darauf hin, dass es keine semitischen Völker, sondern nur semitische Sprachen gibt. Das wissen wir heute und müssen es festhalten, auch wenn der Begriff des Antisemitismus seit seiner Einführung durch den Judenhasser Wilhelm Marr 1879 weltweit «rassistisch» gegen das Volk der Juden verwendet wird.

Im genauen Hinsehen auf das, was ein Text wirklich sagt, werden irrige Schuldzuschreibungen – etwa an den angeblichen «Antisemitismus» oder «Antijudaismus» des Neuen Testaments – ebenso korrigierbar wie vorschnelle Freisprüche an die Adresse der frühen Kirche. Zu korrigieren ist auch ein weit verbreiteter Irrtum, demzufolge es in der Antike eigentlich noch keinen wirklichen Antisemitismus bzw. Antijudaismus gegeben habe (um diese Begriffe noch einmal zu verwenden) und dass erst mit den Evangelien und Paulus das Judentum zum Feindbild im zunehmend christlich beeinflussten Römischen Reich wurde.

Es zeigt sich an den Quellen, dass antike Autoren den Grund bereiteten, auf dem ab dem 2. Jahrhundert ein zunehmend römisch-griechisch geprägtes Christentum, das sich seiner jüdischen Wurzeln zu entledigen begann, in Wort und Tat gegen Juden vorgehen konnte. Es zeigt sich allerdings auch, dass dieses Erbe nicht allein in der religiösen Machtübernahme des Christentums im Römischen Reich gipfelte und von dort aus gleichsam im Alleingang die abendländische Zivilisation prägte. Denn in die gleiche Tradition stellte sich, nunmehr bereits eher frühmittelalterlich als spätantik, eine neue, weitere Weltreligion – der Islam.

Es ist der heutigen Debatte und dem interreligiösen Dialog nicht gedient, wenn wir einerseits auf die vorgeblich antijüdischen Passagen des Neuen Testaments eingehen, die verbindliche Lehrgrundlage des Islam, den Koran, jedoch nicht erwähnen.

Unser Buch ist in vier Teile unterteilt, die in sich chronologisch gegliedert sind. Teil 1 behandelt die Quellen der vorchristlichen Antike und Spätantike. Teil 2 stellt die umstrittenen neutestamentlichen Stellen dar. Teil 3 ist dem frühen Christentum bis zur Zeit Augustins gewidmet. Teil 4 schließlich bietet die einschlägigen Abschnitte der relevanten Suren des Koran.

Alle Textabschnitte der Kapitel 2 bis 4, auch die neutestamentlichen, sind von uns neu aus den Quellen übersetzt. Da die Bewertung der Aussagen oft von der Präzision des Details abhängt, wollten wir uns nicht auf vorhandene Übersetzungen verlassen. Das gilt selbst für das Neue Testament, dessen gängige Übersetzungen hierdurch zwar nicht einer Kritik unterzogen werden, für die aber dennoch gilt, dass sie für spezifische liturgische, gemeindliche oder eben auch ökumenische Zwecke entstanden sind, aber nicht für die auf das Detail angewiesene Debatte über den Judenhass.

Keiner der beiden Autoren dieses Buches ist jedoch Arabist. So haben wir uns, um den denkbaren Vorwurf der falschen oder missverständlichen Wiedergabe von vornherein zu vermeiden, auf zwei auch islamischerseits anerkannte Übersetzungen gestützt: «Der Koran», Übersetzung von Adel Theodor Khoury unter Mitwirkung von Muhammad Salim Abdullah, approbiert vom Islamischen Weltkongress, mit einem Vorwort von dessen Generalsekretär, Inamullah Khan (Gütersloh: Gerd Mohn, ²1992), und «Der Koran», aus dem Arabischen übersetzt von Max Henning, mit Einleitung und Anmerkungen von Annemarie Schimmel (Stuttgart: Reclam, durchgesehene und verbesserte Auflage 1991). Sie gilt in Fachkreisen als «die beste deutsche Übertragung des Korans» (so im Vorwort Annemarie Schimmels, Seite 5, mit Quellenangabe). Den einzelnen Texten und Textgruppen sind einführende, zum Teil umfassende Erläuterungen vorangestellt.

Auf einen wissenschaftlichen Apparat haben wir bewusst verzichtet. Es geht um die Lesbarkeit und allgemeine Benutzbarkeit der Quellentexte. Wer weiterforschen will, wird im bibliographischen Anhang zahlreiche Hinweise finden.

Die großen Linien, die sich aus der Lektüre ergeben, ermöglichen Rückschlüsse, deren Konsequenzen künftig im öffentlichen Gespräch über die Feindschaft gegenüber den Juden zu bedenken sein werden. Nicht immer entsprechen sie dem Bild, das im allgemeinen Bewusstsein vorherrscht. Zu dieser Aufarbeitung wird es gehören, den roten Faden von den ersten Anfängen an zu verfolgen. Judenhass geht zurück bis in das zweite vorchristliche Jahrtausend, in die Zeit also, von der im Buch Exodus (2. Mose) berichtet wird.

Dort wird der Pharao folgendermaßen zitiert: *«Und der König von Ägypten sprach zu den hebräischen Hebammen, deren eine den Namen Shiphrah trug, und die andere hieß Puah; und er sagte: ‹Wenn ihr das Amt der Hebamme an einer hebräischen Frau ausübt, dann sollt ihr euch die Steine ansehen* [gemeint sind wohl die beiden Steine, über die sich die Frauen während des Gebärvorgangs hockten; andere Deutungen beziehen das auf die Erkennbarkeit der männlichen Geschlechtsteile]. *Wenn es ein Sohn ist, dann sollt ihr ihn töten. Wenn es eine Tochter ist, dann soll sie leben.› Doch die Hebammen fürchteten Gott und gehorchten dem Befehl des Königs nicht, sondern retteten die männlichen Kinder lebend. Und der König der Ägypter rief die Hebammen und sagte zu ihnen: ‹Warum habt ihr das getan und habt die männlichen Kinder lebendig gerettet?› Und die Hebammen antworteten dem Pharao: ‹Weil die hebräischen Frauen nicht wie die ägyptischen Frauen sind; denn sie sind kräftig und entbinden, ehe die Hebamme zu ihnen kommt.› Und Gott kümmerte sich um die Hebammen, und das Volk vermehrte sich und wurde sehr stark. Und so geschah es, weil die Hebammen Gott fürchteten, dass er ihnen Häuser machte* [ihnen Nachwuchs schenkte und ihren Wohlstand vermehrte; viele Interpreten beziehen den zweiten Teil des Satzes nicht auf die Hebammen, sondern auf die Israeliten]. *Und der Pharao befahl seinem ganzen Volk und sagte: ‹Jeden Sohn, der geboren wird, sollt ihr in den Fluss werfen, und jede Tochter sollt ihr am Leben lassen›»* (2. Mose/Exodus 1,16–22).

Diese Entscheidung des Pharaos war nichts anderes als die erste uns bekannte Aufhetzung gegen das jüdische Volk, das heißt gegen die Israeliten in ihrer Gesamtheit. Dies gilt selbst dann, wenn wir mit aller Vorsicht drauf hinweisen, dass rücksichtslos ausgetragene Feindseligkeiten zwischen Völkern, von denen die Bibel auch später ausgiebig berichtet, keine Ausnahme waren und selbst in der jüngsten Vergangenheit unter den Völkern Europas – man denke an die genozid-ähnlichen Vorkommnisse zwischen Serben, Kroaten und Bosniern – vergleichbare Handlungsweisen bezeugt sind.

Denn durch den Befehl des Pharaos wurde jeder Ägypter zum Informanten, zum «informellen Mitarbeiter». Die Juden waren nicht zuletzt aufgrund der unkontrollierbaren Bevölkerungszunahme zu einer demographischen und folglich auch zu einer religiösen Bedrohung geworden. Spionage und Verrat an der jüdischen Mitbevölkerung wurden zum Kennzeichen von Loyalität gegenüber dem Pharao. Umgekehrt galt das Mitleid oder gar die Solidarität mit den Juden als Hochverrat. Das Verhalten der Hebammen stellt sich, so gesehen, als die lebensgefährliche Vorstufe der Aktionen jener «Gerechten unter den Völkern» dar, die heute in der Jerusalemer Gedenkstätte Yad Vashem geehrt werden, weil sie unter dem Nationalsozialismus das eigene Leben riskierten, um das Leben von Juden zu retten.

Es ist hier nicht zu erörtern, mit welcher Radikalität das pharaonische Edikt durchgeführt wurde. Die meisten ägyptischen Juden lebten nicht in der Nähe des Flusses (also des Nils), und selbst die rabbinische Tradition hält fest, dass die Anweisung «nur» rund drei Jahre lang in Kraft war. Was uns interessiert, ist jedoch, dass es eine solche Anweisung überhaupt gab. Die erste versuchte Vernichtung der Juden mittels des Instruments der Ausrottung ihrer männlichen Nachkommen ist auf die pharaonische Epoche noch vor dem Auszug aus Ägypten zu datieren. Ein Kommentar zum Buch Exodus [R. A. Cole, Exodus, London 1973] bezeichnet das ausdrücklich als geplanten Genozid, Völkermord.

Der Hass gegen die Juden steht in der Antike anfangs in einem allgemeineren Zusammenhang. Animositäten, die bis zu Hass, Verfolgung und Pogromen führen konnten, waren gegen jene gerichtet, die nicht so lebten wie man selbst, die sich als identifizierbare Gruppe absonderten. Geradezu sprichwörtlich wurde das im Sammelbegriff der «Barbaren». Hier handelt es sich dann allgemein um Fremdenhass, um die so genannte Xenophobie.

Da aus der Sicht der nicht-jüdischen Bevölkerungen die Andersartigkeit und Absonderung in der Lebensweise bis in den Kult hinein besonders deutlich sichtbar überall außerhalb der jüdischen Kernlande auf die Juden und ihre Lebensweise zutraf – wozu Dinge gehörten, die kein anderes Volk charakterisierten, namentlich die als Zeichen des Gottesbundes obligatorische Beschneidung (während allgemein die Beschneidung durchaus auch für andere antike Völker bezeugt ist), die Sabbatruhe und die kompromisslose Ablehnung aller anderen Gottheiten statt einer ansonsten meist üblichen Großzügigkeit gegenüber den Riten der Nachbarn –, konnte sich das besondere Bild des Hasses gegen das jüdische Volk entwickeln.

Wir brauchen dabei sicher nicht eigens zu erwähnen, dass es in den Quellen und in der neueren Forschung feine Unterscheidungen der Epochen gibt, für die man von Hebräern, Israeliten, dem Volk Israel und den Juden spricht. Vor dem Hintergrund dieser terminologischen Trennungen gestatten wir es uns, auch die Begriffe «Juden», «jüdisches Volk» und «Judentum» grundsätzlich für den gesamten Zeitraum zu verwenden, der in diesem Buch dargestellt ist, und überlassen die begrifflichen Trennungen den Quellen selbst.

Eine erkennbar religiöse, also nicht mehr vorrangig gegen die unangenehme Präsenz des Volkes gerichtete Motivation des Judenhasses finden wir erstmals im Buch Esther, das zur Zeit des persischen Königs Xerxes (Ahasveros), 486–465 vor Christus, angesiedelt ist und wohl auch in jenem Jahrhundert verfasst wurde.

Das ganze Buch ist dem Überlebenskampf persischer Juden gegen eine Verschwörung gewidmet; doch der in unserem Zusammenhang entscheidende Abschnitt ist Esther 3,8–9: *«Und Haman sprach zum König Ahasveros: ‹Es gibt da ein Volk, verstreut und abgesondert unter den Völkern, in allen Provinzen deines Königreichs. Und ihr Gesetz ist anders als das aller Völker, und sie befolgen nicht die Gesetze des Königs. Es ist dem König nicht angemessen, sie gewähren zu lassen. Gefällt es dem König, so werde geschrieben, dass man sie ausrotte.›»*

Die eigenen Gesetze, nach denen das Volk Israel im persischen Großreich lebte, können sich nicht auf ein autonomes «bürgerliches Recht» beziehen; es gibt auch für die Antike keinen Hinweis darauf, dass die Juden dem Staat gegenüber, in dem sie lebten, nicht loyal gewesen wären und eine eigene, auch rechtlich selbständige Zivilverwaltung aufgebaut hätten. Die Privilegien, die ihnen beispielsweise seit Julius Caesar im Römischen Reich gewährt wurden, widersprechen dieser Einschätzung nicht, denn sie schufen kein grundsätzlich eigenes Recht. Und die Aufstände der Juden gegen die herrschenden Machtverhältnisse wandten sich in der Diaspora gegen den Missbrauch des ihnen zugestandenen Status oder, im eigenen Heimatland, gegen die Fremdherrschaft, die ihre religiösen Freiheiten beschnitt.

Kurz, auch das Buch Esther spricht nicht von juristischen Detailfragen, sondern vom Religionsgesetz, dem die Juden folgten und das sich vom persischen Staatskult unterschied. Das Gesetz, das Gott den Israeliten durch Mose gab (man vergleiche dazu 5. Mose/Deuteronomium 4,5–8) galt auch in der Fremde. Es ist nicht zuletzt diese auch von späteren römischen Autoren wie Tacitus betonte religionsgesetzliche Andersartigkeit, die die Juden zu Feinden machte. In einem Kommentar zum Buch Esther heißt es denn auch: «So enthüllt sich der sog. Antisemitismus letztlich als ein Hass gegen den Gott, der den Juden solche Gesetze gab» [G. Maier, Das Buch Esther, Wuppertal ²1993, Seite 85]. Hamans Plan ist ein früher Vorläufer der Wannsee-Konferenz von 1942, auf der die bereits 1941 von den Nationalsozialisten beschlossene Ausrottung der Juden in ihrer logistischen Umsetzung festgelegt wurde. Zugleich aber betont Haman, dass ihm die religiösen Gesichtspunkte überhaupt erst die Argumente liefern, um den Völkermord zu fordern.

Wir haben hier nicht näher zu erörtern, inwieweit die in Exodus/2. Mose 1 berichteten Ereignisse in Ägypten oder jene in Persien in anderen, «unabhängigen» Quellen belegt sind. Das traditionelle Vorurteil, alttestamentliche Berichte könnten erst dann als glaubhaft gelten, wenn es außerbiblische Zeugnisse für sie gibt, dürfen wir uns als Historiker und Philologen jedenfalls nicht zu eigen machen.

Für die Annahme der Historizität beider Ereignisse gibt es ohnehin gute Gründe; auch externe Indizien fehlen nicht. So nennt zum Beispiel ein babylonischer Wirtschaftstext aus Barsippa einen Finanzinspektor namens Marduka (babylonisch Marduka = hebräisch Mordechai), der um 485 vor Christus amtierte. [Vgl. A. Ungnad, ‹Neubabylonische Privaturkunden aus der Sammlung Amherst›, in: Archiv für Orientforschung 19 (1959/60), Seite 74–82.] Ungnad identifiziert den Marduka der Urkunde mit dem Mordechai des Esther-Buches.

Der Altorientalist Karl Jaroš (Universität Wien) will für die kurze Zeit der babylonischen Erhebungen 482 vor Christus aus einer Mehrzahl von Gründen eine «auf babylonisches Gebiet beschränkte Judenverfolgung nicht ausschließen» [K. Jaroš, Esther. Geschichte und Legende, Mainz 1996, Seite 85]; doch selbst wenn es keine außerbiblischen Indizien gäbe, bliebe die Tatsache bestehen, dass zwei antike Schriften, das Buch Exodus und das Buch Esther, für ihren Berichtszeitraum von solchen Vorkommnissen erzählen. Sie gelten damit zumindest literarhistorisch als die ältesten Belege für das, was traditionell als Antisemitismus und Antijudaismus bezeichnet wird.

Und ehe die ersten Quellen außerhalb der Bibel – die ersten «paganen» Texte, mit denen unser Buch beginnt – chronologisch einsetzen, ist noch ein anderes Ereignis zu notieren, das wie das Buch Esther in die Zeit und den Herrschaftsbereich des persischen Großreichs gehört: die Judenverfolgung von Elephantine.

Im Jahr 411 vor Christus, also wenige Jahrzehnte nach den Vorkommnissen in Persien, von denen das Buch Esther berichtet, wurde auf der Nilinsel Elephantine der jahrhundertealte Tempel der jüdischen Militärkolonie in Brand gesetzt und zerstört. Die Quellen finden sich unter den rund dreihundert beschrifteten Tonscherben (Ostraka) und über hundert aramäischen Papyrushandschriften, die auf dieser Nilinsel entdeckt wurden. Vor allem aus den Papyri 27, 30, 31 und 32 lassen sich der Vorfall, seine Hintergründe und Folgen weitgehend rekonstruieren.

Politische Interessen und religiöse Kontroversen gingen hier Hand in Hand. Die Juden opferten in ihrem schon um 700 vor Christus gebauten Tempel in Elephantine spätestens seit der Zerstörung des Jerusalemer Haupt-Tempels 586 vor Christus zur Passa-Zeit einen Widder, brachten aber zu anderen Zeiten auch Brandopfer mit Schafen, Ochsen und Ziegen dar. Aus der Sicht der ägyptischen Priester war das ein religiöser Frevel – dies umso mehr, als der Tempel ihres eigenen Widder-Gottes Khnum in unmittelbarer Nähe lag.

Solange die politischen Machtverhältnisse keine Maßnahmen gegen die Juden zuließen, konnten die Priester nicht viel unternehmen. Die Perser gingen jedoch mit den Ägyptern sichtbar schärfer um als mit den Juden, die sich ihnen in keiner Weise widersetzten und ihre kultischen und militärischen Privilegien behielten. Die Ägypter dagegen wurden seit der Schlacht von Beluza im Sinai 525 vor Christus vor allem im kultischen Bereich geradezu unterdrückt. Tempel wurden zerstört, und namentlich die Priester der Tierkulte wurden verfolgt. In der Folge kam es überall in Ägypten immer wieder zu Aufständen gegen die Perser und zu Animositäten gegen die von den Persern bevorzugte Minderheit der Juden.

Die Elephantine-Papyri bezeugen, dass die Juden auch in der Zeit dieser Aufstände – deren grausamster 455 vor Christus stattfand, also 44 Jahre vor der Zerstörung des Tempels von Elephantine – loyale Untertanen der Perser blieben. Der für Maßnahmen gegen die Juden günstig erscheinende Zeitpunkt war gekommen, als der Satrap Arsames das Land vorübergehend verlassen hatte. Unter Leitung der Khnum-Priester begannen die Ägypter von Elephantine ein Pogrom gegen die Juden, dessen Hauptziel die Zerstörung des Tempels mit seinem «frevelhaften» Kult war.

Aus den Papyri geht schließlich noch hervor, dass der Tempel im Jahr 403 zwar wieder aufgebaut war, die den Wiederaufbau beantragenden Juden jedoch auf Brandopfer künftig verzichteten. So war, möglicherweise auch auf Druck der Perser und des Jerusalemer Hohenpriesters, der sich bei dieser Gelegenheit das alleinige Privileg des Opferkultes wieder sichern wollte, das denkbare Wiederaufkommen einer der Ursachen – nämlich der religiösen –, die zum Antijudaismus geführt hatte, wirksam beseitigt.

Man mag argumentieren, dass der ägyptisch-nationalistische Antagonismus gegen die Juden, also der Judenhass ohne direkte religiöse Komponente, allein ausschlaggebend war und dass man sich der religiösen Motive nur für die politischen und sozialen Zwecke bediente. Doch das hieße, die Sprengkraft der religiösen Feindschaft zu unterschätzen. Der Widder-Gott Khnum und seine Priester waren ein entscheidender Faktor, vielleicht sogar *der* eigentlich entscheidende. Die Bevölkerung wurde nicht gegen einen innenpolitischen Gegner oder einen sozialen Fremdkörper aufgehetzt, sondern gegen die Vertreter einer verhassten Religion und ihrer Praktiken, die in direkter Konkurrenz zu den eigenen Riten stand.

Einzelne Aspekte der Dokumente werden sicher weiterhin kontrovers diskutiert werden, doch können wir festhalten, dass mit den Vorkommnissen in Elephantine anders als zur Zeit von Exodus/2. Mose und zweifellos deutlicher als im Persien der Esther-Epoche der religiöse Antijudaismus ein erkennbarer Faktor des Judenhasses geworden war.

Auch die Elephantine-Papyri sind wie Exodus und Esther jüdische Quellen, wurden jedoch in ihrer historischen Glaubhaftigkeit nie angezweifelt. Fragen wir nach schriftlichen Zeugnissen, die von Nichtjuden verfasst wurden, so entsteht eine zeitliche Lücke, nach der dann die in diesem Buch versammelten Belege einsetzen. Wir sollten aus der Lücke und aus dem Fehlen älterer außerjüdischer Quellen allerdings nicht schließen, dass es sie nicht gab. Das alte Wort, nach dem das Fehlen des Beweises nicht verwechselt werden dürfe mit dem Beweis des Fehlens, gilt auch hier.

Es ist anzunehmen, dass den ältesten Belegen, die erhalten geblieben sind, Vorläufer mit den gleichen oder ähnlichen Motiven vorausgingen. So ist beispielsweise der erste Grieche, dem eine schriftlich überlieferte Äußerung gegen die Juden nachgewiesen werden kann, selbst nicht in einer Originalhandschrift erhalten – die es natürlich einst gegeben haben muss –, sondern bei Diodorus von Sizilien («Bibliotheca» 40,3) und bei Flavius Josephus, dem rund dreihundert Jahre nach der Abfassung des Originals schreibenden jüdischen Historiker in römischen Diensten («Gegen Apion» 1,183–204). Es handelt sich um Hecataeus von Abdera, der von ca. 360 bis 290 vor Christus lebte und als Autor volkskundlicher Schriften mit philosophischem Einschlag bekannt war.

Auch hier sind wir noch nicht auf gänzlich unumstrittenem Gebiet, denn eine Reihe von Forschern hält zwar das von Diodorus (1. Jahrhundert vor Christus) überlieferte Fragment aus den «Aegyptiaca», in dem die Juden ethnographisch weitgehend sachlich beschrieben werden, für echt, erklärt aber die Darstellung in der von Josephus (ca. 37–95 nach Christus) bezeugten Schrift «Peri Judaiôn» («Über die Juden») für unecht. Wir schließen uns der sorgfältigen Analyse an, mit der Menahem Stern alle Argumente gegen die Echtheit des Zitats bei Josephus entscheidend widerlegte [M. Stern, Greek and Latin Authors on Jews and Judaism, Band 1, Jerusalem 1976, Seite 21–24] und nennen Hecataeus nicht nur als den ersten namentlich nachzuweisenden Griechen, der sich überhaupt schriftlich ausdrücklich über die Juden äußerte – was unbestritten ist –, sondern auch als den ersten griechischen Autor, der etwas Negatives zu sagen hat.

Ob das bereits «Antisemitismus» ist, mag dahingestellt bleiben; wir sehen es nicht so, wollen aber Hecataeus gerade deswegen nicht unerwähnt lassen, weil schon der erste erhaltene Grieche, der sich explizit zu den Juden bemerkbar macht, nicht ohne eine negative Äußerung auskommen zu können meint. So heißt es im in seiner Echtheit unbestrittenen Text aus den «Aegyptiaca», bei Diodorus, «Bibliotheca» 40,3: *«Als Erster führte er (= Moses) asoziale und Fremdes bekämpfende Sitten ein.»* (apánthrôpos = menschenfeindlich, unmenschlich; misoxenos = fremdenfeindlich.) Das ist schon alles.

Das ist eine scharfe Kritik, doch klassischen Antisemitismus könnte man darin allenfalls dann sehen, wenn man die Verurteilung der Maßnahmen seitens des ersten Führers des jüdischen Volkes so charakterisieren möchte. Es ist immerhin am Anfang der griechischen Literatur über das Judentum ein harscher Ton, der umso mehr auffällt, als Hecataeus ansonsten seine Beobachtungen über Juden von Kommentaren frei hält und auch andere Völker sachlich und ohne negative Bewertungen darstellt.

Einige Forscher halten den Aristoteles-Schüler Theophrast von Lesbos (ca. 370 bis 287 vor Christus) für den ersten Griechen, der Juden erwähnt. Andere sind überzeugt, das von ihm erhaltene Fragment aus «Über die Frömmigkeit» sei von Hecataeus und seinen «Aegyptiaca» beeinflusst. Ohne dies entscheiden zu können, sehen auch wir in seiner einschlägigen Aussage noch keinen Antisemitismus, sondern eher eine sachliche, wenngleich nicht fehlerfreie Beschreibung jüdischer Eigenarten, durchaus mit einem anerkennenden Unterton. So kann er Juden als «Philosophen» bezeichnen, die während ihrer Opferungen den Diskurs mit Gott pflegen.

Dennoch darf man nicht übersehen, dass er in die griechische Literatur einen Vorwurf einführt, den wir bereits aus den Elephantine-Papyri kennen: die unakzeptable Sitte des Brandopfers lebendiger Tiere. Porphyrius (2. Hälfte des 3. Jahrhunderts nach Christus), dem wir die Überlieferung der Theophrast-Stelle verdanken, war Philosoph aus der Schule Plotins. Seine Wiedergabe der Stelle lautet: *«In der Tat, so Theophrast, bringen die Syrer – die Juden sind ein Teil davon – nach ursprünglichem Ritual auch jetzt noch lebende Opfer dar. Sollte man uns anweisen, so zu opfern, wären wir vor der ganzen Sache zurückgeschaudert»* (Porphyrius, «Von der Enthaltsamkeit» 2,26).

Auch hier also die Verbindung von keineswegs nur negativer Darstellung mit einem unübersehbaren Ausdruck des Abscheus vor einer für das antike Judentum charakteristischen Sitte. Mit einem Wort: Die frühesten griechischen Belege lassen noch keinen eigentlichen Judenhass erkennen, weder gegen das Volk noch gegen die Religion, sind aber nicht mehr allzu fern davon. Ohne Ablehnung und Abscheu ging es allem Anschein nach nicht.

Wir brechen hier ab, denn alles weitere ist in den nachfolgenden Einführungen zu den Originalzitaten gesagt, die – nicht ohne zuvor, gewissermaßen als Überleitung, nochmals kurz auf Theophrast eingegangen zu sein – mit Manetho beginnen, dem in Ägypten lebenden Griechen des 3. Jahrhunderts vor Christus, der als Oberpriester in Heliopolis amtierte und zweifelsfrei ein Judenhasser war. Aus diesen Quellen wird dann auch deutlich, dass die lateinisch schreibenden Autoren sich von ihren griechischsprachigen Vorgängern und Zeitgenossen nicht unterscheiden.

Ein wirklich neues Element kommt erst hinzu, als im Jahr 28 nach Christus ein Jude auftritt, der schon zu Lebzeiten von seinen jüdischen Anhängern für den Messias und Sohn Gottes gehalten wird und wenige Jahrzehnte nach seinem Tod in den ersten, gleichfalls von Juden verfassten Schriften ausdrücklich den Rang des Messias (griechisch «Christos») erhält – Jesus von Nazareth.

Obwohl diese Juden, vor allem Markus, Matthäus, Johannes und Paulus, aber auch der vor seiner Hinwendung zu Jesus möglicherweise aus dem griechischen Heidentum konvertierte Jude Lukas, nicht nur Jesus selbst und die Augenzeugen zitieren, sondern ihre Argumentation grundsätzlich auf jüdisches Schrifttum gründen – nämlich auf den allen Juden gemeinsamen «Tanach», die Schriftrollensammlung, die von der christlichen Kirche später den Namen «Altes Testament» erhielt –, stießen sie nicht nur auf Zustimmung unter ihren Mitjuden. Die Mehrheit des Judentums, in den Kernlanden ebenso wie in der Diaspora, verweigerte die Anerkennung dieser Messias-Proklamation, so wie die große Mehrheit der entscheidungstragenden Gremien des Jerusalemer Judentums schon gegen Jesus selbst vorgegangen war und zu seiner Hinrichtung durch die Römer beigetragen hatte.

Es ist folglich gar nicht anders denkbar, als dass die Texte der Jesus-Anhänger sich ausgesprochen kritisch mit jenen Mitjuden auseinander setzen, die nicht ihrer Meinung waren. Hier fallen Worte, die zwar nicht an die innerjüdische Polemik heranreichen, wie wir sie in den Schriftrollen von Qumran finden oder gar, noch schärfer, im Talmud und in der Mischna, die aber umso größere Beachtung fanden, als die Qumran-Gemeinde schließlich aus der Geschichte verschwand, die Mischna und der Talmud über die immens wichtige Festigung der innerjüdischen Tradition hinaus kaum in die außerjüdische Welt hineinreichten, während sich aus der Jesus-Gemeinschaft die mächtigste religiöse Bewegung aller Zeiten entwickelte.

Zur Frage, ob das Neue Testament «antisemitisch» sei, gibt es eine nahezu unüberschaubare Forschungsliteratur. Im Einzelnen äußern wir uns dazu in der Einführung zu den entsprechenden Stellen der Evangelien und Briefe. Wir wollen hier nur auf ein grundlegendes Problem hinweisen.

Kein Zweifel kann daran bestehen, dass die von allen Seiten stets zitierten Abschnitte spätestens seit dem 2. Jahrhundert nach Christus bis in die Zeit des Nationalsozialismus und sogar bis in die unmittelbare Gegenwart in diesem Sinne benutzt worden sind. Zu klären ist jedoch, ob der Verfasser einer Schrift für die Wirkungsgeschichte auch dann verantwortlich gemacht werden kann, wenn sie seinen Intentionen zuwiderläuft. Das heißt: Lässt sich plausibel machen, dass die neutestamentlichen Autoren weder den Hass gegen das jüdische Volk noch den Hass gegen die jüdische Religion propagierten, förderten oder forderten, dann wäre der Vorwurf hinfällig, und es müsste vielmehr geprüft werden, mit welchen manipulativen Interpretationen, mit welcher Motivation und mit welcher «Theologie» die nachfolgenden christlichen Generationen diese Texte verfälschend einsetzten, um den zweifellos nie und in keiner

Weise zu entschuldigenden christlichen Judenhass durchzusetzen und zu rechtfertigen.

Im Sinne einer Klarheit der Begriffe wird, trotz der Fülle an Literatur, auch immer wieder neu die Frage gestellt werden müssen, wie ein Jude – und um Juden handelt es sich bei den Autoren der neutestamentlichen Schriften nun einmal – zu beschreiben ist, der sich über andere Juden kritisch bis feindlich äußert. Treffen hier die herkömmlichen Begriffe des «Antisemitismus» oder «Antijudaismus» überhaupt?

Wie wir oben zeigten, ist zumindest der Begriff des «Antisemitismus» ohnehin nur dann für die Antike und die neutestamentliche Epoche zu verwenden, wenn man sehr sorgfältig benennt, was man angesichts der Herkunft dieses Wortes meint. Er steht als Teil des Titels auf dem Umschlag dieses Buches, weil er zuerst einmal aufgreift, was gängiger Sprachgebrauch ist, und weil nicht bereits ein Buchtitel die Debatte über korrekte Begriffe ersetzen kann. «Gegen die Juden», oder, wie es in der lateinischen Literatur immer wieder heißt, «Adversus Iudaeos» – darum geht es, und doch ist auch dies kein allgemein verwendbarer Sachbegriff. So ist, und wir sagen es mit Nachdruck, gerade hier Nachdenken gefordert, wenn wir vermeiden wollen, in der fortlaufenden Debatte bereits bei den Begriffen noch in den herkömmlichen Klischees verhaftet zu bleiben.

Das heißt: Wir werden, auch um des jüdisch-christlichen Dialogs willen, ganz andere Begriffe einführen müssen für das, was sich in der Auseinandersetzung der Jesus-gläubigen Juden mit den traditionsgläubigen Juden abspielte. So viel ist allerdings jetzt schon sicher: Mit der auch in kirchlichen Kreisen anzutreffenden vorauseilenden Unterwerfung unter den weit verbreiteten Standpunkt, das Neue Testament sei antisemitisch und könne auch aus diesem Grund keine Begründung dafür hergeben, Juden gegenüber bekennend vom Juden Jesus zu berichten, ist es jedenfalls im Blick auf das ehrliche Gespräch nicht getan.

Eine Bewertung des Neuen Testaments, die es von der Anklage des Antisemitismus und Antijudaismus freispricht, öffnet den Blick umso mehr für den zunehmenden Judenhass in der nachfolgenden christlichen Literatur. Es gibt kaum ein Argument aus dem Arsenal der Judenverfolgungen, Pogrome und versuchten Genozide, bis hin zum Nationalsozialismus und bis zur unveränderten Judäophobie der orthodoxen Kirchen und dem heutigen Judenhass arabischer Christen (die sich in ihrem Schrifttum ein judenreines Christentum erträumen und dabei dankbar auf jene christlichen Neutestamentler verweisen, für die Jesus ein aus dem Griechentum zugewanderter Vertreter der kynischen Philosophie war), das sich nicht schon im Arsenal der frühchristlichen Schriften fände.

So ist es vielleicht nicht zu viel gesagt, wenn wir gerade diesen Quellenteil unseres Buches für den wichtigsten halten. Denn nicht nur die Verbrechen der Tat, die das Christentum am Judentum beging, sind zu bekennen und zu sühnen, auch die Verbrechen der Gedanken und der Worte müssen als Schuld bekannt werden. Es mag für einige Leser eine erschütternde Erkenntnis sein, dass gerade die Großen unter den Vätern der Kirche, nicht zuletzt Ambrosius und Augustinus, die Munition für Judenhass und ungestrafte Judenverfolgung lieferten. Und es schmälert die Anerkennung ihrer wegweisenden Leistungen für die innere Stabilität des Christentums und seiner geistigen Entwicklung nicht, wenn diese dunkle Seite ihres Denkens unbemäntelt dargestellt und verstanden wird und wenn wir eingestehen, dass die Nachwirkungen solcher Schriften bis in die Reformationszeit reichten und in allen christlichen Kirchen bis in die jüngste Vergangenheit, um es zurückhaltend zu formulieren, nicht nur auf Ablehnung stießen.

Wie ein Anhang folgt auf diese Quellenteile der Abschnitt mit Auszügen aus dem Koran. Sie stehen hier, schon eigentlich außerhalb des zeitlichen Rahmens dieses Buches, nicht als eine Anklage gegen den Islam, mit der die christliche Schuld zu relativieren wäre. Sie sollen vielmehr verdeutlichen, dass auch die zweite auf das Judentum folgende große «monotheistische» Religion in ihren Ursprüngen das Erbe des Judenhasses übernahm und weiterführte.

Doch auch hier gilt, dass wir nicht mit der vorgefassten These operieren, die ganze Religion sei von Natur aus geprägt von den verschiedenen Ausdrucksformen des Judenhasses. Hier wie beim Umgang mit dem Neuen Testament muss sorgsam darauf geachtet werden, dass konkrete Aussagen nicht aus dem Zusammenhang gerissen werden, in dem sie stehen. So sind unsere einführenden Bemerkungen vor dem Koran-Abschnitt in erster Linie auf Bewertungen bezogen, die von islamischen Wissenschaftlern stammen und einschlägige Passagen weder verharmlosen noch verallgemeinern.

Auch das derzeitige politische und inter-religiöse Ringen um eine Annäherung an den Islam darf jedoch nicht dazu führen, dass wir die Augen vor einer unbestreitbaren Tatsache verschließen: Wenn wir aus christlicher Perspektive das Neue Testament ebenso als verbindlich betrachten, wie das der Islam in allen seinen unterschiedlichen Flügeln und Bewegungen für den Koran einfordert, dann müssen wir festhalten, dass sich im Neuen Testament bei aller Polemik gegen Mitjuden keine einzige Aufforderung zur Verfolgung, Bekämpfung oder Vernichtung findet, während einzelne Suren des Koran dies trotz aller Berücksichtigung historischer Zusammenhänge in bis heute gültiger Form auch in den rücksichtsvollsten Übersetzungen der arabischen Texte zweifellos beschreiben.

Erst wenn im Dialog der Religionen auch dazu deutlich Stellung bezogen wird, kann eine wirksame Bekämpfung des Judenhasses an seinen Wurzeln gelingen. Es dürfte allerdings kaum sinnvoll sein, wenn die Herausforderung dazu aus den christlichen Kirchen kommt, die ihrerseits im Glashaus sitzen. Muslimische Denker, die den Judenhass für eine wenig sinnvolle Zukunftsperspektive halten, gibt es heute sogar unter den Palästinensern. Es ist zu hoffen, dass sie zunehmend Gehör finden.

Wir haben in dieser Einleitung auch unsere persönliche Interpretation der Quellenlage anklingen lassen. Dies gebietet die Aufrichtigkeit. Dennoch betonen wir, dass dieses Buch nicht dem Zweck einer subjektiv gefärbten Interpretation dient. Es sind die Quellen selbst, die sprechen sollen. Wir wünschen es uns, dass sie zum Nachdenken anregen und zu verstehen helfen, woher der Hass auf die Juden und auf das Judentum stammt. Verstehen ist der erste Schritt zum Erkennen, und das Erkennen führt, unter Menschen guten Willens, zu einer Korrektur eigener Irrwege. Oder mit einem Wort aus den Sprüchen Salomos (28,13) ausgedrückt: «Wer seine Sünde leugnet, dem wird's nicht gelingen; wer sie aber bekennt und lässt, der wird Barmherzigkeit erlangen.»

2. Kapitel

Judenfeindschaft in der Antike

Das Problem – Grundsätzliches zur Überlieferungsgeschichte antiker Texte

Wer sich heute mit antiken Texten auseinander setzt, läuft stets Gefahr, sich selbst und andere zu täuschen. Formulierungen wie «die gesamte antike Überlieferung» oder «sämtliche Quellen» sind zwar durchaus legitim, um einer Argumentation Autorität zu verleihen, setzen dann aber stillschweigend etwas voraus, was nicht selten der Autor selbst in seinem Eifer vergisst und was der Aussage erst ihre eigentliche Objektivität gibt:

1. Von der ganzen antiken Literaturproduktion sind uns nach den gängigen Schätzungen nur gerade etwa 1,5 Prozent erhalten geblieben.
2. Von keinem Text eines antiken Autors besitzen wir das Original.

Beide oben genannten Punkte hängen ganz eng mit der allgemeinen Überlieferungsgeschichte antiker Texte zusammen. Bevor sich ein antiker Text bis in die Gegenwart erhalten konnte, musste er nämlich mehrere Engpässe passieren:

Der erste Engpass liegt in der Beschaffenheit des Schreibmaterials und beim Schreiber selbst: Nicht alles, was in der Antike geschrieben wurde, wurde auch für überlieferungswürdig gehalten. Es gab eine Reihe von Texten, für die sich nie jemand die Mühe gemacht hatte, sie abzuschreiben. Solche Texte waren von vornherein verloren, denn kein Papyrus blieb auf Dauer unbeschädigt. Verwitterung, Unbeständigkeit des Materials, häufiger Gebrauch usw. führten relativ schnell dazu, dass der ursprüngliche Text zerfiel. Nur eine ständig neue Abschrift konnte einen antiken Text bis in die Gegenwart retten.

Implizit wurde damit auch schon der zweite Engpass genannt: Die Überlieferung antiker Texte steht und fällt also mit ihren Kopisten. Stimmte der ursprüngliche Textgehalt nicht mit der Ideologie des Abschreibers überein, kam es nicht selten vor, dass dieser in den Text eingriff. Musterbeispiel einer solchen Textbearbeitung oder Zensur sind die Spuren Marcions in der neutestamentlichen Überlieferungsgeschichte – dort allerdings dank dem Vorhandensein vieler weiterer Abschriften ohne negative Folgen auf unsere heutigen Kenntnisse des Originals.

Marcion war der Sohn des Bischofs von Sinope in Pontus. Als eifriger Anhänger des Gnostizismus (der Errettung durch Wissen) kam er im Jahr 140 nach Christus nach Rom. Von starkem Hass gegen die Juden getrieben, verkündete er dort eine neue Lehre und gewann damit viele Anhänger. Er verwarf das ganze Alte Testament und Gott gleich dazu und kürzte das Neue Testament so, dass es alle seine Bezüge zum Alten Testament verlor. Es bestand nunmehr nur noch aus dem Lukasevangelium und den paulinischen Briefen (zum Teil in abgeänderter und gekürzter Fassung und ohne Timotheusbriefe und Titusbrief).

Der dritte und vierte Engpass ist von ganz praktischer Natur: Bis ins vierte Jahrhundert nach Christus waren mit Ausnahme der christlichen Überlieferung Schriftrollen der wichtigste Überlieferungsträger antiker Literatur. Seit dem Aufkommen des Codex, einer Art Vorläufer des modernen gebundenen Buches, wurden die Schriftrollen aber nach und nach verdrängt und schließlich gar nicht mehr verwendet. Viele antike Texte schafften in ihrer Überlieferungsgeschichte den Sprung von den billigeren, dafür aber qualitativ schlechteren Papyrus-Rollen zu den teuren, qualitativ hoch stehenden Pergament-Codices nicht und gerieten so nach und nach wieder in Vergessenheit. Eine ähnliche Situation, nur auf einer etwas anderen Ebene, wiederholte sich im neunten Jahrhundert nach Christus. Damals stellte man von der herkömmlichen Schrift in Großbuchstaben (Majuskeln) auf Kleinbuchstaben (Minuskeln) um. Und wieder gingen viele Texte verloren. Dasselbe wiederholte sich ein letztes Mal beim Wechsel von handschriftlicher Überlieferung zum Buchdruck.

Dass die vielen Kriege, verbunden mit der ihnen eigenen blinden und sinnlosen Zerstörungswut (man denke nur an die Brandstiftungen in Bibliotheken und Klöstern), während der gesamten Weltgeschichte die Überlieferungschancen antiker Texte auch nicht gerade begünstigt haben, braucht hier wohl nicht eigens ausgeführt zu werden.

Stellvertretend für viele andere soll im Folgenden das Problem an einem Beispiel nochmals deutlich gemacht werden: Catull war ein Dichter, der im 1. Jahrhundert vor Christus gelebt und gewirkt hat. Damals erfreuten sich seine Gedichte großer Beliebtheit. Und trotzdem sind uns nur eine einzige Handschrift aus dem 10. Jahrhundert sowie deren Abschriften erhalten geblieben. Wäre auch diese Handschrift verloren gegangen, wüssten wir heute fast nichts von Catull. Aber auch so bleibt im Grunde genommen eine große Unsicherheit zurück: Für eine Zeitspanne von über 900 Jahren haben wir nämlich nicht den geringsten Anhaltspunkt, was mit dem ursprünglichen Text alles passiert ist. Er kann von strengen Mönchen zensiert worden sein, er kann durch ähnliche Gedichte anderer Autoren ergänzt worden sein, er kann überarbeitet worden sein ... Nichts von all dem ist mit letzter Sicherheit auszuschließen.

Was bedeutet das alles, jetzt konkret auf unser Thema bezogen? Das vorliegende Buch hat sich zur Aufgabe gemacht, nach den Ursprüngen des traditionell so genannten Antisemitismus zu suchen. Was dazu an antiken Quellen gefunden wurde, ist – ausgehend von der allgemeinen Überlieferungssituation antiker Texte – nur mal gerade die Spitze des Eisberges. Das meiste, was auf literarischer Ebene, und mehr oder weniger alles, was auf umgangssprachlicher Ebene dazu geschrieben wurde, ist nie bis in unsere Zeit gekommen – und trotzdem ist es da gewesen.

In Anbetracht dessen, *was* uns überliefert ist, kann einen das schon sehr nachdenklich stimmen.

Als ganz besondere Ironie des Schicksals kommt nun aber noch etwas hinzu, was ausführlicher im folgenden Abschnitt dargelegt wird: Der mit Abstand wichtigste Überlieferungsträger antisemitischen Gedankenguts aus der Antike ist nicht ein Grieche, nicht ein Römer, nicht ein Christ, auch nicht ein Moslem – sondern ein Jude!

Flavius Josephus

Die Eroberung Jerusalems und die Zerstörung des Tempels lagen nur gerade knapp fünf Jahre zurück, als in Rom um 75 nach Christus zuerst auf Aramäisch und zwischen 75 und 79 nach Christus auch noch auf Griechisch ein Bericht über diese jüngste Vergangenheit veröffentlicht wurde: der so genannte «Jüdische Krieg». Diese Schrift kam also zu einer Zeit in Umlauf, als sich die ganze griechisch-römische Welt noch gut an die vergangenen Ereignisse erinnern konnte und man in Judäa selbst immer noch an ihren unmittelbaren Folgen litt.

Der Autor, Flavius Josephus, war damals mit Sicherheit vielen Juden bekannt, aber wahrscheinlich nur den wenigsten in guter Erinnerung. Über seine frühe Kindheit wissen wir fast nichts. Er wurde ungefähr im Jahre 37 nach Christus geboren. Mütterlicherseits stammte er von den Hasmonäern ab, den früheren Königen über Judäa, und gehörte damit zur damaligen jüdischen Elite. Zwischen dem 17. und dem 20. Lebensjahr besuchte er nach eigener Auskunft alle drei führenden religiösen Bewegungen in der damaligen römischen Provinz Judäa: die Schule der Pharisäer, der Sadduzäer und der Essener.

Zum ersten Mal wirklich politisch aktiv wurde er mit 26 Jahren, als er als Teil einer jüdischen Gesandtschaft nach Rom geschickt wurde, um die Freilassung einiger jüdischer Priester zu bewirken. Als er wieder nach Judäa zurückkam, fand Josephus die ganze Provinz in Aufruhr vor: Römische Misswirtschaft und gegenseitiges Unverständnis zwischen Juden und Römern hatten das Land an den Abgrund eines Krieges geführt. Im Jahr 66 nach Christus kam der Konflikt offen zum Ausbruch. Im Spätherbst desselben Jahres trafen sich prominente jüdische Aristokraten auf dem Tempelberg mit den Führern bewaffneter revolutionärer Gruppen, um den kommenden Krieg zu planen: General über Galiläa wurde Flavius Josephus, der damals noch Joseph Ben Mattathias hieß.

Als der römische Feldherr und spätere Kaiser Vespasian jedoch mit seinen Truppen in Galiläa einmarschierte, flohen angesichts der römischen Truppenstärke und der hoch gerühmten römischen Disziplin viele Juden. Auch Josephus zog sich, für eine direkte Begegnung mit den römischen Legionen zu schwach, nach Tiberias zurück. Von dort aus schrieb er einen Brief nach Jerusalem mit der dringenden Bitte, entweder mit den Römern Frieden zu schließen oder ihm stärkere Truppen zur Verfügung zu stellen. Darauf eilte er nach Jotapata, um dort die jüdische Abwehr zu organisieren. Nach einer langen Belagerungszeit und heftigen Kämpfen fiel die Stadt schließlich in die Hände der Römer. Josephus konnte sich unter wunderbaren Umständen retten und lieferte sich zuletzt freiwillig den Römern aus. Dort fand er Gnade, vielleicht nicht zuletzt, weil er – angeblich von Gott dazu beauftragt – Vespasian die Kaiserwürde prophezeit hatte.

Bis zum Kriegsende arbeitete Josephus nun als Dolmetscher und Vermittler in einer Art Halbgefangenschaft auf römischer Seite. Später reiste er nach Rom, wo er von Vespasian protegiert wurde, fortan den Familiennamen der flavischen Kaiserfamilie «Flavius» trug und das römische Bürgerrecht, eine Villa und dazu Land in Judäa bekam, das er aber wahrscheinlich nie gesehen hat, da er bis zu seinem Lebensende im Exil blieb.

Der Schock über den rigorosen Frontenwechsel ihres ehemaligen Führers war unter den Juden offenbar so groß, dass man den früheren General ein für alle Mal aus dem Gedächtnis gestrichen hat: In keiner einzigen jüdischen Quelle ist Josephus auch nur mit einem Wort erwähnt!

Josephus selbst schien unter dieser Situation sehr gelitten zu haben. Er lebte fortan in zwei Welten und wurde von beiden nie wirklich akzeptiert: In den Augen der Römer war er Jude, und in den Augen der Juden war er Römer. Viele Römer mochten sich nämlich nur zu gut an ihn erinnert haben, wie er als jüdischer General erbittert gegen sie gekämpft hatte, und die Juden konnten in ihm nur noch einen Verräter sehen, einen Günstling des verhassten römischen Kaisers, der ihren Tempel und damit das, was ihnen am heiligsten war, für immer zerstört hatte. Genau dieser Zwiespalt war es dann auch, der Josephus' ganzes späteres Schreiben entscheidend geprägt hat. Es war ein einziger verzweifelter Versuch, die unüberwindbare Kluft zwischen diesen beiden Welten zu überbrücken und so mit sich selbst wieder eins zu werden [Bilde, 1988].

In seinem ersten Werk, dem «Jüdischen Krieg», überliefert in sieben Bänden, nimmt seine Selbstdarstellung als erfolgreicher jüdischer General und späterer Gefolgsmann Vespasians immerhin etwa zehn Prozent des gesamten Volumens ein, in seiner ungefähr zwanzig Jahre später geschriebenen Autobiographie schon über 85 Prozent! Insgesamt fällt auf, dass Josephus sich in allen seinen Schriften immer wieder zum Anwalt macht: bei den Römern für die jüdische Sache, bei den Juden für die römische Sache, und nicht zuletzt bei beiden für seine eigene Sache.

In diesem Licht ist denn auch Josephus' letztes Werk zu lesen, dem wir fast unser gesamtes Wissen über den so genannten Antisemitismus in der Antike verdanken und das deshalb im Rahmen unseres Themas auf keinen Fall unerwähnt bleiben darf: die Schrift «Gegen Apion». Der Titel ist nicht ursprünglich, sondern stammt von Hieronymus (ca. 340–420 nach Christus), dem Übersetzer der Bibel ins Lateinische, der so genannten Vulgata. Hieronymus wählte einen eher umgangssprachlichen Titel, der den Inhalt des Werks nur teilweise trifft. Die direkte Auseinandersetzung mit Apion findet nämlich ganz konkret nur gerade im ersten Teil des zweiten Buches statt.

Apion war ein alexandrinischer Gelehrter und für eine Zeit

lang sogar Vorsteher der dortigen, in der ganzen antiken Welt berühmten Schule. Nachdem er von Alexandria das Bürgerrecht erhalten hatte, erwies er sich der Stadt dadurch erkenntlich, dass er die Juden in Wort und Schrift aufs heftigste verspottete und bekämpfte.

Andere gaben dem Werk die Überschrift: «Das Alter der Juden» oder «Gegen die Griechen». Wie auch immer das Werk nun ursprünglich geheißen hat – schon aus den ersten paar Zeilen wird klar, welche Leserschaft Josephus damit erreichen wollte und welche Ziele er verfolgt hat: Unmittelbar angesprochen sind zunächst einmal die Gegner der Juden. Darunter wahrscheinlich auch Autoren, die am kaiserlichen Hof lebten und einen nicht geringen Einfluss auf die römische Politik hatten; Autoren also, die explizit zu nennen deshalb schon aus rein taktischen Gründen äußerst ungeschickt gewesen wäre. Diese Autoren dürften am ehesten in der Linie zu suchen sein, die später Tacitus, Martial, Plutarch und viele andere weiterführten. Neben diesen hatte Josephus mit Sicherheit auch all jene vor Augen, die sich durch solch judenfeindliche Schriften beeinflussen ließen. Außerdem dürfte die Schrift auch für Leute geschrieben worden sein, die ein gewisses Interesse am Judentum hatten – oder für Juden selbst zur Glaubensstärkung. Damit alle wissen konnten, wovon er sprach, zitierte er über längere Passagen antike Autoren – in erster Linie Ägypter und Griechen –, die sich irgendwo in ihren Schriften gegen die Juden geäußert hatten, und versuchte diese dann Punkt für Punkt zu widerlegen.

Durch dieses Vorgehen wurde ausgerechnet der Mann, der sich – autobiographisch bedingt – die Verteidigung der jüdischen Sache zum Lebensinhalt gemacht hatte, der Jude Flavius Josephus, zum Hauptüberlieferungsträger antisemitischen Gedankenguts in der Antike. Viele Autoren und Zitate, die tatsächlich oder anscheinend einen Antisemitismus oder Antijudaismus vertreten, wären uns ohne Josephus noch nicht einmal mehr dem Namen nach bekannt. Josephus erreichte so gerade das Gegenteil dessen, was er eigentlich erreichen wollte.

Eine Ironie der Überlieferungsgeschichte ist es wohl auch,

dass die Werke des Josephus ihrerseits fast ausschließlich von christlichen Schreibern der Nachwelt überliefert wurden. Damit gelangten die antijüdischen Äußerungen bekannter und unbekannter Autoren (unter letzteren sei hier stellvertretend der in unserem Buch nicht eigens dargestellte Agatharchides von Knidos genannt) vor allem über die christliche Rezeption des Josephus ins abendländische Bewusstsein. Anders formuliert: Gerade die Schrift, die dem antiken Antisemitismus ein für alle Mal die Spitze hätte brechen sollen, wurde in der Überlieferungsgeschichte zu einem einmaligen Zeugnis für eben dasselbe Phänomen – Antisemitismus.

Theophrast (371–287 vor Christus)

Einmal abgesehen von ein paar wenigen, eher zufälligen Erwähnungen finden wir in der gesamten griechischen Literatur bis ins 4. Jahrhundert vor Christus kaum einen Anhaltspunkt, dass es die Juden damals überhaupt gegeben hätte. Selbst ein Autor wie Herodot, von Cicero Vater der Geschichtsschreibung genannt, der in seinem neunbändigen Werk über die Perserkriege auch die entlegensten Völker aufzuzählen weiß – die Kabalier, Hytenner, Myser, Lasonier oder die Mariandynen, um nur ein paar Beispiele zu nennen –, kennt die Juden merkwürdigerweise nicht bei ihrem Namen. Eine literarische Reflexion zum Thema Juden, die über das Niveau eines rein geographischen Exkurses hinausgeht, setzte erst ab dem 3. Jahrhundert vor Christus ein. Wegbereiter dazu war kein Geringerer als der berühmte Makedonenkönig Alexander der Große.

Von 334 bis 323 vor Christus eroberte Alexander der Große mit einem riesigen Heer von 35'000 Mann, zur Hälfte aus Makedonen, zur anderen Hälfte aus griechischen Bundesgenossen und Söldnern bestehend, das ganze Perserreich und drang bis nach Indien vor. Was die Griechen damals, von wenigen Ausnahmen abgesehen, unter einer Flagge einte, war nebst persönlichen

Motiven der gemeinsame Hass gegen die «Barbaren». Damit gemeint waren die Perser, die in den letzten rund hundert Jahren immer wieder versucht hatten, Griechenland in ihre Herrschaft einzubinden.

Durch die legendären Eroberungszüge Alexanders wurde die griechische Kultur – zumindest in der Oberschicht – immer mehr zum Völker verbindenden Element der gesamten antiken Welt, des Orients und des Okzidents, selbst wenn das neue Machtgefüge nie wirklich organisiert wurde und die eroberten Länder eine ganz unterschiedliche Rechtsstellung hatten. An dieser neuen Ideologie einer geistigen Gemeinsamkeit änderte selbst der Tod des Feldherrn und der darauf folgende langsame Zerfall seines einstigen riesigen Reiches nichts. Erst die Expansion des Islams im 7. Jahrhundert nach Christus unterbrach diese Kontinuität.

Auch Judäa war von dieser Entwicklung nicht ausgeschlossen. Vor allem die jüdische Oberschicht sympathisierte mit dem Griechentum und zeigte sich sehr offen für neue philosophische Ideen [Hengel, 1988, insbesondere Seite 565–570]. Bestes Beispiel dazu sind die ganz typisch hellenistischen Züge in der Ausgestaltung Judäas unter den Makkabäern seit Jonathan, der 153 vor Christus als Hohepriester eingesetzt wurde (man bezeichnet die Makkabäer oft auch als Hasmonäer; Josephus verwendet beide Begriffe bedeutungsgleich). Dazu gehörten verschiedene Elemente, angefangen mit der Wiedereinführung der Königsherrschaft bis zur Umstrukturierung des Heeres und der Zulassung von Söldnern. In Opposition dazu standen die gesetzestreuen Chassidim und die Essener (als eine ultraorthodoxe Bewegung, die sich ursprünglich wohl von den Sadduzäern abgelöst hatte).

Trotz aller Gemeinsamkeiten mit den umliegenden hellenistischen Königreichen gingen die Juden allerdings nie so weit, dass sie die zentrale Bedeutung des Lebens unter dem Gesetz des einen Gottes, wie es in der Thora festgelegt war, aufgegeben hätten. Und genau in diesem nicht unwesentlichen Punkt unterschieden sie sich grundlegend von ihren Nachbarn und stießen damit immer wieder auf Unverständnis.

Eine der frühesten Quellen über die Juden, die exakt dieses zwiespältige Verhältnis zwischen Juden und Nichtjuden belegt, ist ein kurzer Abschnitt in Theophrasts Werk über die Frömmigkeit:

**Theophrast, «Über die Frömmigkeit»; zitiert bei:
Porphyrius, «Von der Enthaltsamkeit» 2,26 (Stern Nr. 4)**
In der Tat, so Theophrast, bringen die Syrer – die Juden sind ein Teil davon – nach ursprünglichem Ritual auch jetzt noch lebende Opfer dar. Sollte man uns anweisen, so zu opfern, wären wir vor der ganzen Sache zurückgeschaudert. Sie genießen nämlich nicht vom Geopferten, nein, sie verbrennen es ganz. In der Nacht gießen sie viel Honig und Wein darüber und bringen die Opferhandlung schnell hinter sich, damit der Alles-Sehende [= die Sonne] nicht Zeuge dieses Grauens wird. Dies tun sie, und an den Tagen dazwischen fasten sie.

Weil sie wie Philosophen vorgehen, reden sie während dieser ganzen Zeit miteinander über das Göttliche. In der Nacht beobachten sie die Sterne und rufen auf dieselben blickend durch Gebete Gott an. Diese gaben nämlich als Erste sowohl die übrigen Lebewesen als auch sich selbst als Opfer hin. Aus Zwang taten sie dies, nicht aus Begierde.

Theophrast wurde um 371 vor Christus in Eresos auf der griechischen Insel Lesbos geboren. Im Alter von ungefähr 18 Jahren reiste er nach Athen und lernte dort Platon kennen. Nach dessen Tod wurde er Schüler von Aristoteles und schließlich 322 oder 321 selbst Leiter der von seinem Lehrer gegründeten Philosophenschule, des Peripatos. Wie sein früherer Lehrer zeichnete auch er sich schon bald als Universalgelehrter aus. Leider sind uns im Gegensatz zu Aristoteles von Theophrasts Schriften nur die wenigsten erhalten geblieben, und dazu oft nur durch indirekte und damit sehr zufällige Überlieferung.

So verdanken wir auch unseren Abschnitt über die Juden einzig einem Zitat bei Porphyrius. Dieser wurde um 234 nach Christus in Tyros geboren. Schon ziemlich früh lernte er Origenes kennen, wurde allerdings allem Anschein nach nie Christ. Er studierte in Athen und ging dann 263 nach Rom, wo er die Schriften des Neuplatonikers Plotin edierte.

Durch die große Zeitspanne bedingt, die ihn von Theophrast trennte, konnte Porphyrius unmöglich mit derselben Unvoreingenommenheit über das Thema schreiben wie Theophrast. Vor ihm lag eine ganze Tradition antisemitischer Literaturproduktion, deren negativem Einfluss er sich mit Sicherheit nicht vollständig entziehen konnte. Selbst das Stadtbild des damaligen Roms widerspiegelte das äußerst zwiespältige Verhältnis zur Provinz Judäa.

Dafür sorgten zwei Monumente, an denen die meisten Bewohner Roms wohl fast täglich vorbeikamen: zum einen das von Vespasian nach Kriegsende mit jüdischen Geldern finanzierte und von seinem Sohn Titus fertig gestellte Amphitheater, das damals ungefähr 50'000 Leuten Platz bot und heute noch zu den berühmtesten Sehenswürdigkeiten Roms gehört. Zum anderen auch der nach Titus' Tod von seinem Bruder Domitian im damaligen Zentrum errichtete Triumphbogen, der verständlicherweise nicht nur den Sieg des verstorbenen Imperators dokumentierte, sondern auch die Schande des jüdischen Volkes. Nur zur Erinnerung: Auf der Innenseite des Bogens ist das berühmte Relief eingemeißelt, das die triumphierenden Römer mit ihrer Kriegsbeute, dem siebenarmigen Leuchter und weiteren Tempelschätzen, und dazu die gefangenen Juden darstellt.

Damit stehen wir also vor einem doppelten Problem. Denn einerseits ist es für die Arbeit mit dem Text an sich schon erschwerend, wenn der Text nicht in direkter Überlieferung, sondern als aus dem Kontext gerissenes Zitat vorliegt, und andererseits ist ausgerechnet in unserem Fall der Überlieferungsträger erwiesenermaßen alles andere als ein Judenfreund. Das Fazit ist, dass wir durchaus mit Entstellungen des ursprünglichen Textes rechnen müssen. Dies wird, konkret auf unsere Quelle bezogen, umso wahrscheinlicher, als in sämtlichen übrigen Texten Theophrasts zu den Juden jeglicher negative Unterton fehlt.

Gut in Theophrasts frühe Zeit passt das rein wissenschaftliche Interesse an der jüdischen Kultpraxis. Einem Autoren, der sich mit allen erdenklichen Fachgebieten auseinander gesetzt hat – angefangen bei der Meteorologie, Mineralogie, Zoologie und Botanik bis zu Fragen der Ethik – und dazu auch publiziert hat, darf man wohl auch zutrauen, dass er sich über die verschiedensten Kulte seiner Zeit kundig machen wollte und diese in einen größeren Sachverhalt einzuordnen versuchte. Zumal die Suche nach Ordnung und Systematik in allen Dingen schon eine Manie seines Lehrers Aristoteles gewesen war.

Auch dass Theophrast in diesem Zusammenhang gerade auf das typisch jüdische Ganzopfer gestoßen ist, braucht einen nicht zu verwundern. Im Gegensatz dazu standen nämlich die in vielen griechischen Quellen ausführlich beschriebenen Opferschmäuse, wie sie bei den Griechen Brauch waren. Ob er das Ganze allerdings tatsächlich als Grauen empfunden hatte oder ob es sich hier nicht eher um eine posthume Wertung durch Porphyrius handelt, ist eine andere Frage.

Aber genau diese Frage drängt sich natürlich auf, da die Fortsetzung der Quelle dann wieder durchaus positiv ist: Immerhin werden uns die Juden als Philosophen und Wissenschaftler präsentiert. Beides passt wiederum gut in das 3. Jahrhundert vor Christus, da sich die Juden, wie eingangs dieses Kapitels dargestellt, gerade in dieser Zeit intensiv mit fremden Lehren auseinander setzten.

Der Schlusssatz des Zitats bei Porphyrius ist aller Wahrscheinlichkeit nach ebenfalls original, da es sich hier nicht um eine antisemitische Aussage handelt, sondern eher um eine vage Erinnerung an die biblische Geschichte, in der Abraham seinen Sohn Isaak opfern sollte (1. Mose 22,1–19). Spätestens der Nachsatz: «Aus Zwang taten sie dies, nicht aus Begierde», schließt eine bewusste antisemitische Lesart definitiv aus.

Manetho (geboren um 280 vor Christus)

Im Gegensatz zur griechischen Tradition des vierten vorchristlichen Jahrhunderts – mit Theophrast als einem ziemlich
markanten Beispiel –, die den Juden durchaus auch eine recht
positive Seite abgewinnen konnte, sind schon die allerersten
uns überlieferten Texte der ägyptisch-alexandrinischen Tradition in einem unüberhörbar judenfeindlichen Ton geschrieben.
Einmal abgesehen von den in der Einleitung erwähnten aramäischen Papyri über die Ereignisse in Elephantine, gilt der
folgende Text als erstes Zeugnis für den so genannten Antisemitismus in der Antike schlechthin. Überliefert ist er uns von
Josephus als Zitat eines griechisch schreibenden Hohenpriesters, der am ägyptischen Tempel von Heliopolis amtierte:
Manetho (um 280 vor Christus).

**Manetho, Aegyptiaca; zitiert bei: Josephus,
«Gegen Apion» 1,232–250 (Stern Nr. 21)**
*König Amenophis, so Manetho, wollte ein Beobachter der
Götter werden, gerade wie Or, einer seiner Vorfahren auf
dem Thron. Er brachte seinen Wunsch dem gleichnamigen
Amenophis vor, dem Sohn des Paapios. Der soll angeblich in
Anbetracht seiner Weisheit und der Fähigkeit, die Zukunft im
Voraus zu wissen, göttlicher Natur teilhaftig gewesen sein.*

*Dieser Namensvetter also sagte zum König: Er könne dann
die Götter sehen, wenn er das ganze Land von Aussätzigen
und anderen Befleckten reinige. Der König freute sich und
trieb aus Ägypten alle mit beflecktem Körper zusammen:
insgesamt 80'000 an der Zahl. Diese verbannte er in die
Steinbrüche östlich des Nils, dass sie dort, getrennt von den
übrigen Ägyptern, arbeiteten. Nun gab es aber nach Manetho
unter ihnen auch gelehrte Priester, die vom Aussatz befallen
waren.*

*So begann Amenophis, der weise Seher, den Zorn der Götter
gegen ihn und den König zu fürchten, sollte herauskommen,
dass an jenen Gewalt angewandt wurde. Und er fügte die*

Prophezeiung hinzu, dass einige sich mit den Befleckten verbünden und für dreizehn Jahre über Ägypten herrschen werden. Weil er nicht wagte, dies dem König persönlich zu melden, hinterließ er alles schriftlich und beging darauf Selbstmord. Der König aber war fortan mutlos.

Darauf Manetho weiter – ich zitiere: «Es war schon einige Zeit verstrichen, seit sie sich im Steinbruch abmühten. Da baten sie den König, ihnen als Ort der Erholung und als Obdach die verlassene Stadt der Hirten, Auaris, zu geben. Und dieser zeigte sich nachsichtig. Nach einem göttlichen Wort war die Stadt seit jeher Typhon geweiht. [Anmerkung: Typhon war ein Monster mit hundert Drachenköpfen.]

So zogen sie in diese Stadt ein und besetzten den Ort mit dem Ziel, einen Aufstand anzuzetteln. Als ihren Führer setzten sie einen der Priester aus Heliopolis ein, Osarseph. Diesem schworen sie Gehorsam in allen Dingen. Als Erstes gab er ihnen Gesetze: die Götter nicht anzubeten, keines der in Ägypten besonders heiligen Tiere zu schonen, sondern alle zu opfern und alle zu verbrauchen, und außerdem mit niemandem außer ihren Eidgenossen Kontakt zu pflegen.

Nachdem er ihnen aber solche und viele weitere den ägyptischen Bräuchen möglichst entgegengesetzte Gesetze gegeben hatte, ordnete er an, mit vielen Händen die Stadtmauern wieder aufzubauen und sich für den Krieg gegen Amenophis, den König, bereitzuhalten. Er selbst aber, in Zusammenarbeit mit den übrigen Priestern und Befleckten, schickte Boten zu den von Tethmosis vertriebenen Hirten in die Stadt mit Namen Jerusalem. Dort ließ er seine und die Sache der übrigen in Unehre Geratenen darlegen und rief auf, einmütig mit ihnen gegen Ägypten in den Krieg zu ziehen. Er versprach, sie zuerst nach Auaris zu führen, in die Heimat ihrer Vorväter, dort die Truppen reichlich zu versorgen und dann, wenn immer nötig, an ihrer Seite kämpfend, ihnen mühelos das Land untertan zu machen.

Außer sich vor Freude, brachen sofort alle Hirten – ungefähr 200'000 Mann – zusammen auf und erreichten schon nach kurzer Zeit Auaris. Als aber Amenophis, der König der Ägypter, von ihrem Anmarsch und allem Drum und Dran vernahm, erschrak er nicht wenig, erinnerte er sich doch an die frühere Offenbarung durch Amenophis, den Sohn des Paapios.

Als Erstes ließ er eine Menge Ägypter zusammenbringen und beriet sich mit ihren Führern. Er ließ die heiligen Tiere, die in den Tempeln am meisten verehrt wurden, zu sich kommen und gab jeder Priestergruppe Weisung, die hölzernen Götterbilder möglichst sicher zu verstecken. Seinen fünfjährigen Sohn Seth, auch Ramesses genannt nach seinem Großvater Rapses, brachte er bei seinem Freund unter. Er selbst aber überschritt mit den übrigen Ägyptern – ungefähr 300'000 Elitesoldaten – den Nil. Als er darauf zwar mit den Feinden zusammentraf, griff er trotzdem nicht an:

Er meinte nämlich, dann mit Gott kämpfen zu müssen, und zog sich daher in Eilmärschen nach Memphis zurück. Dort nahm er Apis und die übrigen heiligen Tiere, die er dorthin hatte bringen lassen, in Gewahrsam. Sodann stach er zusammen mit dem ganzen Heer und einer Menge Ägypter in See mit Kurs auf Äthiopien. Der König der Äthiopier, ihm untertan und stets zu seinen Diensten, empfing ihn und nahm die ganze Menge auf: Das Land hatte, was sie für den täglichen Bedarf an Lebensmitteln brauchten. Und er gab ihnen Städte und Dörfer, genug für die vorhergesagten dreizehn Jahre Verbannung von dessen Herrschaft. Nicht zuletzt stellte er zum Schutz Amenophis' und seiner Gefolgschaft sogar ein äthiopisches Heer an die Grenzen Ägyptens.

So viel zu Äthiopien. Die Solymiten zogen mittlerweile zusammen mit den befleckten Ägyptern durch das Land und behandelten die Bevölkerung so ruchlos, dass die Herrschaft der zuvor Genannten in den Augen der Zeugen dieser Freveltaten wie ein goldenes Zeitalter erschien. Sie begnügten sich nämlich nicht damit, nur Städte und Dörfer niederzubrennen, Tempel zu berauben oder ungehemmt hölzerne Götterbilder zu ruinieren, nein, sie machten es sich zur Gewohnheit, dieselben als Küchen für die verehrten heiligen Tiere zu gebrauchen. Unter Zwang mussten die Priester und Propheten diese opfern und schlachten, dann vertrieb man sie nackt.»

Es geht die Kunde, dass der Priester, der ihnen Verfassung und Gesetze gegeben hatte, ein Bürger aus der Stadt Heliopolis war mit Namen Osarseph, abgeleitet vom Stadtgott Osiris. Wie er sich aber mit diesem Volk verbündet hatte, änderte er seinen Namen und wurde Moses genannt.

Manetho, geboren in Sebennytus in Ägypten, war wie schon erwähnt Priester in Heliopolis. Von Ptolemaios II., dem damaligen Herrscher, beauftragt, schrieb er als erster Ägypter eine griechische Geschichte über die Vergangenheit seines Landes. Leider sind uns von seiner dreibändigen Aegyptiaca nur noch kurze Auszüge erhalten geblieben. Das allein sollte uns schon zur Vorsicht mahnen und vor voreiligen Schlussfolgerungen abhalten. Wirklich kompliziert wird die Sache aber erst dadurch, dass die für uns entscheidenden Auszüge ausgerechnet durch Josephus überliefert sind und daher natürlich in einem komplett anderen Kontext stehen als ursprünglich vom Autor beabsichtigt.

In der bereits erwähnten Schrift «Gegen Apion» zitiert Josephus Manetho gleich zweimal, jedoch mit ganz unterschiedlicher Absicht: das erste Mal, um das hohe Alter der Juden zu beweisen, das zweite Mal dagegen, um der ägyptischen Tradition Judenfeindlichkeit nachzuweisen.

Dass das erste Zitat nicht antisemitisch ist, legt allein schon der Kontext nahe, in dem es steht. Wahrscheinlich lag es schon Josephus nicht mehr in seiner ursprünglichen Form, sondern als spätere pro-jüdische Bearbeitung vor. Daher verzichten wir im Rahmen dieses Buches darauf, näher auf dieses Zitat einzugehen. Das zweite Zitat dagegen, das oben in Übersetzung vorliegt, dürfte recht nahe am Original sein, auch wenn wir nur eine Paraphrase von Josephus haben. Es passt ausgezeichnet in das Umfeld Ägyptens im 3. Jahrhundert vor Christus.

Für eine solche Einschätzung dieser beiden Zitate sprechen indirekt nicht zuletzt auch Josephus' eigene Worte, mit denen er sie einleitet: Von dem ersten, eher judenfreundlichen, behauptet er nämlich, es handle sich um eine Übersetzung der ägyptischen Chroniken durch Manetho. Beim zweiten, judenfeindlichen, dagegen argumentiert er, schon Manetho selbst habe darauf hingewiesen, im Folgenden Fabeln und Legenden seiner Zeit wiederzugeben, und das mit dem niederträchtigen Ziel, die Juden mit den leprakranken Ägyptern in Verbindung zu bringen [Stern Band 1, 1974, Seite 62–65]. Wäre nun der zweite Text in seinen Grundzügen nicht echt, das heißt tatsächlich von Manetho nicht so geschrieben und damit für uns auch kein Beleg für das Vorhandensein einer frühen national-ägyptischen Judenfeindschaft, hätte Josephus den Autor ja nicht angreifen und dessen Werkinhalt als Fabel degradieren müssen. In diesem Fall hätte er besser daran getan, die Unechtheit nachzuweisen und damit die späteren antisemitischen Bearbeiter zu entlarven. Damit hätte er zugleich den Stellenwert des ersten Zitates aufwerten können.

Gegen den Einwand, dass Josephus beim zweiten Zitat tatsächlich eine spätere anti-jüdische Bearbeitung vor sich gehabt, es aber nicht gemerkt hätte, spricht die für die Überlieferungsgeschichte eines antiken Textes vergleichsweise sehr kurze Zeitspanne von nur gerade rund 300 Jahren zwischen Autor und Rezipient. Josephus konnte also wesentlich mehr über den «echten» Manetho wissen als wir heute und hatte mit großer Wahrscheinlichkeit in den kaiserlichen Bibliotheken Roms auch Zugang zu Vergleichstexten, an denen er im Zweifelsfall seine Vorlagen hätte verifizieren können.

Fazit: Sein Problem war wahrscheinlich, dass sich die Sache – wie oben vermutet – eben gerade umgekehrt verhielt: Das erste Zitat lag ihm nicht in ursprünglicher Form vor, und Josephus wusste das sehr wohl. Also sah er sich gezwungen, wenn er nicht ein schlagendes Argument für das hohe Alter der Juden verlieren wollte, die Echtheit des zweiten Manetho-Textes zu akzeptieren.

Etwas verdächtig ist im Grunde genommen nur der letzte Passus der Geschichte, eingeleitet mit den Worten: «Es geht die Kunde». Bis zu dieser entscheidenden Stelle hat Josephus die Geschichte entweder paraphrasiert oder nach eigener Angabe sogar wörtlich zitiert wie in der zweiten Hälfte.

Das Problem, vor das uns die Überlieferungsgeschichte jetzt stellt, ist, dass wir nicht mit letzter Sicherheit entscheiden können, ob dieser besagte Abschnitt noch zum ursprünglichen Zitat gehört oder ob er im Gegenteil das Zitat unterbricht. Ersteres würde bedeuten, dass der Text original von Manetho ist und dieser in einem kurzen Nachsatz noch eine andere ihm bekannte Version der Geschichte referiert, in der Osarseph und die Aussätzigen nicht Ägypter, sondern Mose und die Juden sind. Das zweite, die Unterbrechung, würde bedeuten, dass es sich damit um einen allgemeinen, von Manetho unabhängigen Beleg für eine frühe national-ägyptische judenfeindliche Tradition handelt. Ob dieser erst von Josephus oder schon von einem früheren Bearbeiter unter Berücksichtigung der zeitgenössischen Literatur Manethos angeführt wurde, muss man dann wohl offen lassen.

Zu sagen bleibt – unabhängig, wie man nun zu dieser Frage Stellung nimmt –, dass sich der judenfeindliche Ton Manethos eindeutig auch anderswo in seiner Geschichte manifestiert. Dass Manetho nämlich mit den Verbündeten der aussätzigen Ägypter (das heißt mit den Hirten aus Jerusalem) auf die Juden anspielt, war wohl jedem antiken Leser sofort klar. Und gerade diese beschreibt er zum Teil in fast wörtlicher Übereinstimmung zur Beschreibung Osarsephs als ruchlose Frevler, Vandalen und wilde Horde, die in völliger Perversion zu den ägyptischen – oder allgemeiner zu den antiken – Bräuchen lebt und wirkt.

Lysimachus
(2. oder 1. Jahrhundert vor Christus)

Für unser Thema wohl entscheidender als eine endgültige Antwort auf die oben gestellte Frage bezüglich der Originalität des letzen Abschnitts bei Josephus' Manetho-Zitat ist die Tatsache, dass spätestens die Rezeption eindeutig der Version den Vorrang gibt, welche die Juden als Aussätzige kennt, die aus Ägypten vertrieben werden müssen. Das mag damit zusammenhängen, dass durch die griechische Übersetzung des Alten Testaments – uns überliefert als «Septuaginta» –, die im 3. Jahrhundert vor Christus von Ptolemaios II. Philadelphos in Auftrag gegeben wurde, der jüdische Exodus-Bericht immer bekannter wurde: Wahrscheinlich sahen sich dadurch nicht wenige Ägypter und in Alexandria wohnhafte Griechen provoziert, sich an einer pro-ägyptischen Gegendarstellung zu versuchen, um so ihrerseits den Juden das Kompliment wieder zurückzugeben [Stern Band 1, 1974, Seite 64].

Eines der ersten uns überlieferten Beispiele dafür ist ein gewisser Lysimachus aus dem 2. oder 1. Jahrhundert vor Christus, vielleicht identisch mit dem griechischen Grammatiker und Mythographen Lysimachus, der, wenn nicht gar ursprünglich von Alexandria gekommen, dann wenigstens für längere Zeit dort wohnhaft gewesen war. Und wieder verdanken wir die Stelle allein Josephus, der sie in seiner nun schon oft erwähnten Schrift «Gegen Apion» als nächste, also nach Manetho und Chaeremon, zitiert.

Letzterer war ein ägyptischer Priester aus dem 1. Jahrhundert nach Christus, der für eine von uns nicht exakt bestimmbare Zeit ebenso wie Apion Vorsteher des berühmten Museion in Alexandria war. Später (ca. 50 nach Christus?) wurde er zum Erzieher des jungen Nero berufen. Wie Manetho verfasste auch Chaeremon ein Werk über die Geschichte Ägyptens, das – einmal abgesehen von einigen gravierenden Divergenzen in Chronologie und Namensgebung – wenigstens in den Grundzügen Manethos Version folgt. Wahrscheinlich war das mit der Grund, dass Josephus dieses Werk entgegen der logischen Reihenfolge dem Zitat von Lysimachus vorgezogen hatte.

Umso auffälliger ist dann aber, dass Chaeremon genau in der Frage, wer nun aussätzig war und wer nicht, nicht etwa die vage Formulierung Manethos, sondern die eindeutige Identifikation der Aussätzigen mit den Juden übernimmt, wie sie ihm aus der nun folgenden Geschichte von Lysimachus bekannt gewesen sein dürfte:

Lysimachus, Aegyptiaca; zitiert bei: Josephus, «Gegen Apion» 1,304–311 (Stern Nr. 158)

Als Nächsten werde ich Lysimachus einführen: Er vertritt dieselbe Lügengeschichte über die Aussätzigen und Frevler wie die vorher Genannten, übertrifft aber durch seine Erdichtungen deren Unglaubwürdigkeit sogar noch. Und es ist ganz offensichtlich, dass er sie von heftiger Feindschaft getrieben zusammengestellt hat.

So nämlich redet er: Als Bochoris König über Ägypten war, floh das jüdische Volk in die Tempel und bettelte dort um Nahrung. Es war von Lepra, Aussatz und anderen Krankheiten befallen. Als ganz viele dieser Krankheit anheim gefallen waren, kam eine Dürre über Ägypten.

Bochoris aber schickte eine Delegation zum Orakel des Ammon, um wegen der Dürre um Rat zu fragen. Die Antwort des Gottes: Er soll die Tempel von den unheiligen und gottlosen Menschen reinigen und sie aus dem Tempel in eine verlassene Gegend vertreiben. Die Krätzigen aber und die Aussätzigen soll er versenken, weil die Sonne sich über deren Leben ärgere. Und die Tempel schließlich soll er reinigen – so werde das Land wieder fruchtbar.

Wie Bochoris die Orakelsprüche vernommen hatte, rief er die Priester und Altardiener zu sich und befahl ihnen, eine Liste von den Unreinen zu erstellen. Diese sollten sie dann unter militärischer Bewachung in die Wüste führen. Die Leprakranken dagegen sollten sie an mit Blei beschwerte Schilfstauden fesseln, damit sie im Meer versinken.

So versenkte man die Leprakranken und Krätzigen, die anderen wurden gesammelt und zu ihrem Verderben in der Wüste ausgesetzt. Dort versammelten sie sich und berieten sich über ihr Schicksal. Als es Nacht wurde, zündeten sie ein Feuer und Fackeln an. Zu ihrem Schutz stellten sie eine Wache auf. Dann fasteten sie die ganze Nacht hindurch und flehten die Götter an, sie zu retten.

Am nächsten Tag riet ihnen ein gewisser Mose, es zu riskieren, einen einzigen Weg einzuschlagen und den zu gehen, bis sie in eine bewohnte Gegend kommen. Außerdem rief er dazu auf, keinem Menschen wohlwollend zu sein, nicht den besten, sondern den schlechtesten Rat zu geben und die Tempel und Altäre der Götter – welchen auch immer sie begegnen würden – zu zerstören.

Die Übrigen rühmten seine Meinung und machten sich auf, die Wüste zu durchqueren. Nach vielen Mühen kamen sie schließlich in die Zivilisation. Jetzt misshandelten sie die Bevölkerung, beraubten die Tempel und brannten sie nieder. Und das, bis sie zuletzt nach Judäa kamen (so nämlich wird das Land heute genannt). Hier gründeten sie eine Stadt, um sich niederzulassen.

Nach ihrer Gesinnung wurde die Stadt Hierosyla [= Tempelraub] genannt. Später aber, als sie die Vorherrschaft erlangt hatten, änderten sie den Namen, um sich nicht Schmähungen auszusetzen. Sie nannten die Stadt Jerusalem und sich selbst Jerusalemiten.

Die Unterschiede zu Manetho sind evident. Trotzdem lässt es sich Josephus nicht nehmen, in der Fortsetzung seine Leser eigens nochmals darauf aufmerksam zu machen. Er moniert, dass Lysimachus für den ägyptischen König einen anderen Namen erfindet, dass er die Geschichte vom Traum und vom ägyptischen Propheten, wie aus dem Manetho-Zitat bekannt, übergeht, und nicht zuletzt, was Josephus ganz offensichtlich am meisten zu schaffen machte, dass Lysimachus bezüglich der Aussätzigen und ihrem vermeintlich Menschen verachtenden Gesetzgeber unmissverständlich von den Juden und Mose redet. Faktisch ist seine Schlussfolgerung daher sicher gerechtfertigt, wenn er in der Version von Lysimachus eine eindeutige Steigerung zu Ungunsten der Juden festhält.

Posidonius (geboren um 135 vor Christus), Apollonius Molon (1. Jahrhundert vor Christus) – und Apion (1. Hälfte 1. Jahrhundert nach Christus)

Entscheidet man sich für die Spätdatierung des Lysimachus, das heißt für eine Lebzeit im 1. Jahrhundert vor Christus, so bestünde zumindest die Möglichkeit, dass alle drei, Lysimachus, Posidonius und Apollonius Molon, einander persönlich gekannt haben. Wenigstens bei den letzten beiden war dies mit ziemlich großer Sicherheit der Fall.

Von Apollonius Molon wissen wir weder genau, wann er geboren, noch wann er gestorben ist. Was wir aber wissen ist, dass Cicero, der wohl bekannteste Redner des damaligen republikanischen Roms, 78 vor Christus bei ihm studiert hat und später in seinem Dialog «Brutus» sehr positiv über ihn schreibt. Nebst Cicero gehörte der spätere Diktator Caesar wohl zu seinen prominentesten Schülern. Molon wurde in Alabanda in Karien (also in der heutigen Südwest-Türkei) geboren. Später führte ihn sein Weg auf die Insel Rhodos, wo er – wie wir soeben gesehen haben – als Lehrer berühmt wurde.

Nach Haecataeus von Abdera (4. Jahrhundert vor Christus) war er der erste Grieche, der ein ganzes Buch über die Juden geschrieben hat. Das Werk trug den Titel «Gegen die Juden» und war, wie Josephus festhält, völlig durchzogen von antisemitischem Gedankengut. Davon erhalten sind uns nur noch ein paar wenige Fragmente; zum einen wieder dank Josephus, zum anderen durch ein Zitat in einer apologetischen Schrift des Eusebius (ca. 260/65–338/39 nach Christus) mit dem später lateinisch formulierten Titel «Praeparatio Evangelica». In beiden Belegstellen fehlt zwar ein expliziter Hinweis auf die judenfeindliche Exodus-Tradition, das heißt auf die pro-ägyptische Gegendarstellung zum zweiten Buch Mose, wie wir sie bei Manetho, Chaeremon und Lysimachus kennen gelernt haben, was aber noch lange nicht heißt, dass diese nicht trotzdem an einer anderen, uns nicht mehr erhaltenen Stelle vertreten wurde. Die Tatsache, dass Molon – wenigstens nach Josephus' Aussage – die Juden Atheisten und Menschenhasser nannte, beides Begriffe, die anderswo in der Literatur meist im Kontext der besagten Tradition stehen, legt im Gegenteil diese Vermutung sogar sehr nahe [Schäfer, 1998, Seite 21–22].

Viel beunruhigender als der bloße Verdacht auf eine judenfeindliche Rezeption ist allerdings der Titel des Werks an sich. Vorgefasste Meinungen über andere Völker hat es schon immer gegeben und wird es wohl auch immer geben. In der Antike fielen nebst den Juden beispielsweise auch die Germanen, Spanier, Syrer, Thraker, Gallier, Phrygier oder Karthager immer wieder literarischem Spott zum Opfer, manchmal sogar die Römer und die Griechen selbst [Feldman, 1986, Seite 29].

Auch Beispiele aus jüngerer Zeit sind uns da bekannt: Im 18. Jahrhundert ist im Kontext der Reisläuferei die Redewendung «Kein Geld, kein Schweizer!» geradewegs zu einem geflügelten Wort geworden, um auszudrücken, dass es nichts umsonst gibt. Und noch heute sagen die Engländer, wenn jemand fortgeht, ohne sich vorher abzumelden: «He takes French leave!» Und die Franzosen geben das Kompliment zurück und sagen für dasselbe: «Il file à l'anglais!» Dabei dürfte es jedem vernünftig denkenden Menschen klar sein, dass es sich hier gewissermaßen um Sprichwörtliches handelt und dass damit nicht das einzelne Individuum oder gar das Volk als Ganzes getroffen werden soll.

Einmalig dagegen – und daher auch eindeutig Ausdruck antisemitischen Denkens – war und ist die Anhäufung solcher Stereotypen auf das jüdische Volk und, noch schlimmer, die Tatsache, dass man sich einzig hier die zweifelhafte Mühe gemacht hat, darüber ganze Bücher zu schreiben, wie Apollonius Molon es offenbar tat.

Etwas mehr wissen wir über Posidonius. Dieser wurde um 135 vor Christus in Apameia in Syrien geboren. Nach einem mehrjährigen Studium in Athen bei Panaitios, dem damals bedeu-

tendsten Stoiker, und ausgedehnten Reisen, die ihn bis an die
spanische Atlantikküste bei Cádiz geführt haben, ließ auch er
sich als Lehrer auf Rhodos nieder. Dort wurde er Bürger und
bekleidete bald darauf die höchsten Ämter. Im Jahr 87 vor
Christus leitete er eine diplomatische Gesandtschaft der Rho-
dier nach Rom. Geschickt in der Politik und hoch begabt als
Historiker, Geograph und Philosoph, erlangte er sehr schnell
großen Ruhm, der weit über die Grenzen der Insel hinaus-
reichte. Immerhin war er prominent genug, dass der junge
Cicero 78 vor Christus eigens aus Rom heranreiste, um ihn
(neben Apollonius Molon) zu hören. Außer mit Cicero pflegte
Posidonius auch mit vielen weiteren Dichtern und hohen politischen Würdenträgern Roms freundschaftliche Beziehungen,
so unter anderem mit dem Consul von 74 vor Christus: Lucius
Licinius Lucullus (117–56), mit Varro (ca. 82 – ca. 36) und mit
dem späteren Eroberer Jerusalems: Cnaeus Pompeius (106–48
vor Christus).

Für unser Thema liegt bezüglich Posidonius die größte
Schwierigkeit darin, dass es nur sehr wenige Hinweise auf die
Juden gibt, die ihm eindeutig zugeschrieben werden können.
Einer davon findet sich bei Josephus, der andere – für uns
weniger hilfreich, da ziemlich ominös – bei dem Geographen
Strabo (63 vor Christus – 25 nach Christus):

**Posidonius; zitiert bei: Strabo, «Geographica» 16,2,43
(Stern Nr. 45)**
*Nach Posidonius sind die Menschen Zauberer: Sie geben vor,
Zaubersprüche sowie Urin und andere übel riechende Flüssig-
keiten zu gebrauchen. Diese gießen sie über den Asphalt.
Dann drücken sie ihn aus und machen ihn fest. Darauf
schneiden sie ihn in Stücke.*

Zu gerne wüssten wir mehr über den ursprünglichen Kontext
dieses Zitats. In der uns überlieferten Form gibt der Text
allerdings zu wenig her, als dass mit letzter Sicherheit entschieden werden könnte, ob ihm im Original eine judenfeindliche Intention zugrunde lag oder nicht. Bemerkenswert ist

aber, dass ihn einmal mehr spätestens die Rezeption durch Plinius den Älteren (23/24–79 nach Christus) und Tacitus (geboren ca. 56, gestorben nach 118 nach Christus) tatsächlich zu einem judenfeindlichen Zeugnis gemacht hat. Dort werden die übel riechenden Flüssigkeiten konkretisiert: Es ist vom Blut jüdischer Frauen die Rede, das diese während ihrer Menstruation vergießen.

Zumindest nach Josephus' Darstellung war Posidonius den Juden keineswegs wohl gesonnen. Wie Molon soll er sie angeblich als Atheisten dargestellt und außerdem über den Tempel schlimme Lügengeschichten verbreitet haben. Durch solche Machenschaften, so Josephus, sei er zu einer der wichtigsten Quellen für Apion geworden.

In Anbetracht des überlieferungsgeschichtlichen Problems, nämlich dass uns Posidonius, einmal abgesehen von der kurzen Stelle bei Strabo, nur dank einer Paraphrase von Josephus und eines Eusebius-Zitats überhaupt erhalten geblieben ist, hat man in der Forschung zu Recht die Frage gestellt, wo Josephus denn überhaupt seine Informationen über Posidonius her hatte. Über die Antworten kann man letztendlich nur spekulieren. Die wahrscheinlichste Lösung, die gefunden wurde, geht dahin, dass Apion absichtlich auf Posidonius und Apollonius Molon Bezug nimmt, um durch deren Prominenz seiner Argumentation Gewicht zu geben, ohne dass seine Vorlage – was dann allerdings nur auf Posidonius zutreffen dürfte – zwingend antisemitisch gewesen sein muss [Stern Band 1, 1974, Seiten 141–44]. Antisemitisch war wohl also nicht Posidonius selbst, sondern nur seine Rezeption durch Apion:

Apion; zitiert bei: Josephus, «Gegen Apion» 2,79–80.89.91–96 (Stern Nr. 44/171)

Ich wundere mich aber auch über all diejenigen, die ihm [= Apion] Zündstoff dieser Art gegeben haben, das heißt über Posidonius und Apollonius Molon. Sie werfen uns nämlich vor, warum wir nicht zusammen mit den anderen dieselben Götter verehren. Gleichzeitig aber lügen sie und meinen, wenn sie über unseren Tempel unpassende Schmähungen zusammenstellen, nicht einmal etwas Gottloses zu tun. Dabei ist doch Lügen an sich schon das schändlichste für Freigeborene, geschweige denn Lügen in Bezug auf einen Tempel, der bei allen Menschen gerühmt wird und durch seine so große Heiligkeit mächtig ist.

In dieser heiligen Stätte nämlich, so nimmt sich Apion heraus, öffentlich zu sagen, hätten die Juden einen Eselskopf aufgestellt. Sie würden ihn verehren und ihn größter Ehrerbietung wert achten. Dies, so versichert er, sei offenbar geworden, als Antiochus Epiphanes den Tempel ausgeraubt hatte: Dabei sei jener Kopf aus Gold, viel Geld wert, gefunden worden ...

Er hat aber noch eine andere Lügengeschichte hinzugefügt – über die Griechen –, von A bis Z verleumderisch!

Er hat gesagt, Antiochus hätte im Tempel ein Bett gefunden, darauf liegend einen Mann und vor ihm ein Tisch, voll von Speisen aus dem Wasser, dem Land und der Luft. Und der Mann hätte darüber gestaunt.

Bald aber hätte er jenes Eintreten des Königs vergöttert [Bald aber nahm jenes Eintreten des Königs seine ganze Aufmerksamkeit gefangen], angeblich weil es ihm größte Erleichterung brachte. Sogleich hätte er sich zu dessen Knien geworfen und mit ausgestreckter rechter Hand die Freiheit verlangt. Der König hätte ihn ermuntert, Vertrauen zu fassen und zu sagen, wer er sei, warum er dort wohne und was es mit dieser Speise auf sich habe. Darauf hätte der Mann unter Seufzen und Klagen sein Schicksal erzählt.

Er sagte – so die Geschichte bei Apion –, er sei Grieche. Als er von Berufs wegen die Provinz bereist hätte, sei er plötzlich von fremden Männern gepackt, zum Tempel geführt und dort eingeschlossen worden. Er sei von niemandem gesehen worden, jedoch durch jede erdenkliche Zubereitung von Festmählern gemästet worden.

Na ja, zuerst hätte ihn diese unerwartete Wohltat getäuscht und ihm Freude entlockt, dann aber schon bald Verdacht und auf den Verdacht hin Schauder. Schließlich hätte er sich bei

den Dienern, die jeweils aufwarteten, kundig gemacht. Er
habe von einem entsetzlichen Gesetz der Juden gehört, zu
dessen Genüge er gemästet würde. Folgendes, so hätte er
vernommen, würden jene jeweils einmal im Jahr praktizieren,
zu einem ganz bestimmten Zeitpunkt:

Zuerst fangen sie einen fremden Griechen und mästen ihn
ein Jahr lang. Dann führen sie ihn zu einem bestimmten
Wald. Dort töten sie ihn und opfern seinen Leib nach ihrer
Gewohnheit. Darauf kosten sie von seinen Eingeweiden und
schwören während der Opferhandlung einen Eid: Feindschaft
gegen die Griechen! Zuletzt werfen sie das, was von ihrem
Opfer übrig geblieben ist, in eine Grube.

Dann, berichtet Apion, hätte der Grieche gesagt, dass ihm
nur noch wenige Tage vergönnt seien. Um den Anschlag der
Juden lebend überstehen zu können, rief er den König an – vor
den griechischen Göttern errötend –, dass er ihn von seinem
schlimmen Geschick befreien möge.

Die Geschichte vom Eselskopf im jüdischen Tempel war bekannt: Gemäß Josephus hatte ein gewisser Mnaseas aus Patara,
der rund zweihundert Jahre vor Apion gelebt hatte, sie als
Erster aufgeschrieben. Nun muss man dazu allerdings auch
noch sagen, dass dieser Mnaseas nicht Historiker war, sondern
lediglich ein Sammler mythologischer Geschichten und Kurio-
sitäten, die er unter geographischen Gesichtspunkten zusammengestellt hatte. Dadurch dürfte klar werden, dass er mit
seinen Legenden wohl kaum einen Anspruch auf historische
Glaubwürdigkeit erheben wollte, wie Apion das später tat, und
dass man ihm deshalb wohl auch kaum mit Recht unterstellen
darf, er habe sich zwingend von antisemitischen Gefühlen
leiten lassen. Wahrscheinlicher ist, dass er irgendeiner münd-
lichen judenfeindlichen Tradition aufgesessen ist, die er aus
Faszination vor dem Fremden gedankenlos in seine Sammlung
aufgenommen hat.

Diese mündliche (?) Tradition spielte möglicherweise mit
dem Eselskopf auf Typhon an, da dieser offenbar gelegentlich
so dargestellt wurde, und schafft so eine Verbindung zur

judenfeindlichen Exodus-Geschichte, wie wir sie bei Manetho zum ersten Mal angetroffen haben.

Als direkte Vorlage diente Apion allerdings mit ziemlich großer Sicherheit nicht dieser Mnaseas, sondern ein Autor, der nun tatsächlich von sich den Anspruch erhob, Historiker zu sein: Diodorus Siculus. Diodor wurde um 90 vor Christus (wie sein Name sagt) auf Sizilien geboren. Fast alles, was wir über ihn wissen, verdanken wir seinem Geschichtswerk, bestehend aus vierzig Büchern, in dem er, angefangen von der Entstehung der Welt bis in seine Gegenwart, über alle und alles berichtet, was ihm von größerer Bedeutung erschien. Nach eigener Aussage hat er immerhin dreißig Jahre daran geschrieben. Aus eben dieser Weltgeschichte ist uns auch die folgende Geschichte bekannt:

Diodorus, «Bibliotheca» 34–35,1,1–5 (Stern Nr. 63)

Als König Antiochos Jerusalem belagerte, so Diodor, leisteten die Juden noch eine Zeit lang Widerstand. Als dann aber alle Vorräte gänzlich aufgebraucht waren, sahen sie sich gezwungen, über einen Friedensvertrag zu verhandeln. Jetzt riet die Mehrheit der Freunde Antiochos, die Stadt im Sturm einzunehmen und die jüdische Bevölkerung von Grund auf zu vernichten. Die Begründung: Von allen Völkern sind sie das einzige, das sich nicht mit einem anderen vermischt und das alle als Feinde betrachtet. Dabei machten sie darauf aufmerksam, dass die Juden – wie auch schon deren Vorfahren, aus ganz Ägypten vertrieben – gottlos und den Göttern verhasst waren.

Damals nämlich seien die, welche an ihren Körpern einen weißen Hautausschlag oder Lepra hatten – um das Land zu reinigen – als Unheilige gesammelt und aus dem Gebiet verbannt worden. Die so Ausgewiesenen hätten dann die Region um Jerusalem in Beschlag genommen. Sie hätten sich als jüdisches Volk organisiert und gäben seither den Hass gegen die Menschen als Erbgut weiter. Von daher kommen ihre völlig exklusiven Sitten: sich mit keinem anderen Volk an einen Tisch zu setzen und unter keinen Umständen wohlwollend zu denken.

Sie erinnerten Antiochos aber auch an den früheren Hass durch seine Vorfahren gegenüber diesem Volk. Als nämlich damals Antiochos, genauer Antiochos Epiphanes, durch Krieg die Juden bezwungen hatte, drang er in das Allerheiligste ein, wohin nach dem Gesetz eigentlich nur der Priester gehen durfte. Dort fand er eine steinerne Bildsäule von einem langbärtigen Mann, der auf einem Esel saß und in der Hand ein Buch hielt. Er nahm an, es sei ein Bild von Mose, dem Gründer Jerusalems, der das Volk organisiert und außerdem den Juden ihre menschenfeindlichen und frevelhaften Gebräuche legitimiert hatte. Epiphanes dagegen, dem Menschenfeindlichkeit (gleichgültig von welchem Volk) verhasst war, empfand den Ehrgeiz, die Sitten aufzuheben.

Entsprechend opferte er vor der Bildsäule des Gründers und vor dem unter freiem Himmel stehenden Altar des Gottes ein großes Schwein. Das Blut goss er darüber. Darauf bereitete er das Fleisch zu und gab die Anordnung: Ihre Heiligen Schriften mit den fremdenfeindlichen Sitten darin sollen von der Fleisch-Sauce triefen. Den so genannten «unsterblichen» Leuchter, der unablässig im Tempel brannte, soll man auslöschen. Und die Hohenpriester sowie die übrigen Juden sollen unter Zwang dazu gebracht werden, vom Fleisch zu genießen.

In solchen Reden gefielen sich die Freunde. Sie forderten Antiochos eifrig dazu auf, das Volk von Grund auf auszulöschen. Wenn aber nicht, dann soll er wenigstens ihre Gebräuche auflösen und sie zwingen, ihre Lebensweise zu ändern. Der König aber war großmütig und mild gesinnt: Nachdem er Geiseln genommen hatte, sprach er die Juden von den Anschuldigungen frei. Allerdings forderte er einen angemessenen Tribut und ließ die Mauern Jerusalems schleifen.

Der Vergleich der Geschichte Diodors und der Geschichte, wie sie Apion rezipiert, verrät uns einiges über Apions Arbeitsmethode und erlaubt auch Rückschlüsse auf seinen Umgang mit Posidonius: Zunächst einmal können wir festhalten, dass die Esel-Geschichte offenbar auch Diodor zu Ohren gekommen war, allerdings nicht in derselben Form, wie sie Apion rezipiert: Diodor spricht im Grunde genommen nur von einer steinernen Statue in Form eines Reiters, der auf einem Esel sitzt, nicht aber von einem Eselskopf, den die Juden anbeten sollten. Das ist ein großer Unterschied.

Ähnlich verhält sich die Sache bezüglich der Aussage über Antiochos Epiphanes. Hier nimmt Apion nur gerade das Stichwort auf und erfindet darum herum eine ganz neue Geschichte: die furchtbare und historisch natürlich komplett absurde Geschichte über das rituelle Opfer eines Griechen durch die Juden. Im Unterschied zu Diodor versucht Apion das Ganze so darzustellen, dass er Antiochos Epiphanes auf seiner Seite hat. Ganz anders sieht die Situation dagegen nach dem Bericht bei Diodor aus. Dort ist nicht Antiochos judenfeindlich, sondern lediglich seine schlechten Berater sind es, deren Rat er am Ende der Geschichte eindeutig ablehnt [Stern Band 1, 1974, Seiten 142–144].

Entsprechend besteht auch bei Apions Posidonius-Rezeption zumindest die Wahrscheinlichkeit, dass Apion ihm Dinge in den Mund gelegt hat, die Posidonius so nie gesagt, geschweige denn geschrieben haben dürfte. Konkret gehören dazu wohl auch die eingangs der oben stehenden Übersetzung des Apion-Zitats formulierte Aussage, die Juden seien Atheisten gewesen, sowie die Lügengeschichten über den jüdischen Tempel.

Dass Apion mit solchem Irrglauben leider nicht allein war, belegt ein nicht näher bestimmbarer Damocritus, der unter seinem Namen in der Suda, dem größten byzantinischen Lexikon (verfasst um 1000 nach Christus), Eingang gefunden hat:

Damocritus, «Über die Juden»; zitiert bei: Suda, unter «Damokritos» (Stern Nr. 85)

Damocritus, ein Historiker. Ein Werk über die Taktik in zwei Bänden; ein Werk über die Juden: Darin sagt er, dass sie einen goldenen Eselskopf anbeteten und alle sieben Jahre einen Fremden fingen und ihn opferten. Sie zerrissen ihn in kleine Stücke – so töteten sie ihn.

Mit Apion erreichte der antike Antisemitismus einen eindeutigen Höhepunkt. Lassen wir ihn abschließend mit einem anderen Zitat noch einmal zu Wort kommen und damit gleich selbst die Brücke von der ägyptisch-griechischen judenfeindlichen Tradition zur römischen Tradition schaffen, denn im folgenden Text wird thematisiert, was hauptsächlich die römischen Autoren nachhaltig beschäftigen sollte: Schweinefleisch und Beschneidung.

Apion, «Aegyptiaca»; zitiert bei: Josephus, «Gegen Apion» 2,137 (Stern Nr. 176)
Auf die übrigen Punkte seiner Anklageschrift würde man vielleicht am besten gar nicht eingehen, damit er zu seinem eigenen Ankläger wird und zugleich zum Ankläger aller übrigen Ägypter. Er macht uns nämlich zum Vorwurf, dass wir lebende Haustiere opfern und kein Schweinefleisch essen. Außerdem spottet er über die Beschneidung.

Lucius Annaeus Seneca, der Jüngere (ca. 4 vor Christus bis 65 nach Christus)

Seneca stammte aus Corduba, dem heutigen Córdoba in Spanien. Er schlug die Ämterlaufbahn ein und wurde um 30 nach Christus Quaestor. Kaiser Claudius verbannte ihn in den Jahren 41 bis 49 wegen angeblichen Ehebruchs mit Iulia Livilla, einer Schwester des Caligula, nach Korsika. Er war also wahrscheinlich nicht in Rom, als Claudius mit einer als «Judenedikt» in die Geschichte eingegangenen Maßnahme die Anführer der Juden und Judenchristen spätestens 48/49 nach Christus aus der Stadt vertrieb (Apostelgeschichte 18,2; Sueton, «Claudius» 25,4; vgl. Cassius Dio, «Römische Geschichte» 60,6.6).

Seneca wurde zum Erzieher des zwölfjährigen Nero ernannt; nach dessen Regierungsantritt 54 nach Christus wurde er sein einflussreichster Berater und Senator. Nachdem Nero den Claudius Caesar «Britannicus», einen leiblichen Sohn des Kaisers Claudius, vergiften und seine eigene Mutter Iulia Agrippina ermorden ließ, und als auch der Prätorianerpräfekt Burrus, Senecas engster Vertrauter, gestorben war, verlor Seneca seinen einst positiven Einfluss auf die Staatsgeschäfte und zog sich aus Rom zurück. Nero beschuldigte ihn, an der Pisonischen Verschwörung teilgenommen zu haben, und zwang ihn 65 nach Christus zum Selbstmord.

Vor diesem Hintergrund war das Bild des Menschen Seneca auch in der christlichen Spätantike und im Mittelalter ebenso positiv wie die Einschätzung der Bedeutung seiner Schriften. Diese Werke, vor allem die zehn Theaterstücke, die philosophischen Essays, die «Physikalischen Untersuchungen» («Naturalis quaestiones») und die Briefe an Lucilius prägten die Ausbildung an Schulen und Universitäten und hatten einen bis in die Neuzeit nachwirkenden Einfluss auf Theologie und Philosophie.

Lange Zeit wurde ein erhaltener Briefwechsel zwischen Paulus und Seneca für echt gehalten. Auch heute noch gibt es Forscher, die eine persönliche Bekanntschaft der beiden während der Rom-Jahre des Paulus nicht ausschließen wollen. Äußerungen gegen das Christentum finden sich bei Seneca nicht. Seine polemische und satirische Begabung kam in der «Verkürbissung» («Apocolocynthosis», im übertragenen Sinne als «Veräppelung» zu verstehen) des Kaisers Claudius nach dessen Ermordung zum Ausdruck.

Seneca war kein Freund der Juden. Seine Kritik war scharf und verletzend; der Ton der Verachtung ist nicht zu übersehen. Diese Einstellung war weniger durch vorgeprägte Klischees bestimmt, sondern eher durch die Ängste vor der zum Teil missionarischen Ausbreitung des Judentums in den Westen des Römischen Reichs. Aus dem Umstand, dass er (und wie er) auch auf religiöse Praktiken eingeht, lässt sich auf eine eigene Beobachtung jüdischen Lebens schließen. Dass er mehr als andere römische Autoren die christliche Einstellung gegen die Juden auch auf «intellektuellem Niveau» beeinflusste, machte ihn zu einem der besonders negativen Pole des Judenhasses:

Seneca, «Über den Aberglauben»; zitiert bei: Augustinus, «Über den Gottesstaat» 6,11 (Stern Nr. 186)

Dieser [= Seneca] tadelt nebst anderen abergläubischen Kulten volkstümlicher Theologie auch die Mysterien der Juden, am meisten aber den Sabbat. Er betont, dass jener die Juden unnütz macht, weil sie durch die immer am Siebenten eingeschobenen Ruhetage fast ein Siebtel ihres Lebens durch Nichtstun verlieren. Sie schaden sich selbst, indem sie vieles erster Priorität nicht tun ...

Aber wo es um jene Juden geht, sagt er: «Inzwischen hat sich die Gewohnheit dieses komplett ruchlosen Volkes so stark gemacht, dass sie in aller Herren Ländern übernommen worden ist: Die Besiegten haben den Siegern Gesetze gegeben!» Mit Erstaunen sagte er dies und verkannte dabei, was durch göttliche Fügung herbeigeführt worden ist. Deutlich fügte er seine Meinung hinzu und machte damit ganz klar, was er von der Art solcher Mysterien dachte. Er sagt nämlich (Zitat): «Immerhin kennen jene die Gründe ihres Ritus – der größte Teil des [römischen] Volkes macht dagegen, was es macht, ohne wirklich zu wissen, warum!»

Senecas «De superstitione» («Über den Aberglauben») ist nicht vollständig erhalten, sondern nur in Zitaten bei den Kirchenvätern, vor allem bei Augustinus (siehe unten, «Frühchristliche Literatur»). Die Auffassungen über die Entstehungszeit gehen weit auseinander – wahrscheinlich scheint vielen ein Datum um 64 nach Christus. In unserem Zitat fällt die seit Cicero («Für Flaccus», u. a.; siehe oben) auch in der lateinischen Literatur fast schon zum Gemeinplatz gewordene gehässige Charakterisierung der Juden auf, der auch Seneca sich nicht entzieht. Umso wichtiger ist die gewissermaßen mit zusammengebissenen Zähnen formulierte Anerkennung ihrer Überlegenheit in einem für Seneca besonders wichtigen Punkt. «Immerhin kennen jene (die Juden) die Gründe ihres Ritus», schreibt er, «der größte Teil des (römischen) Volkes macht dagegen, was es macht, ohne zu wissen, warum.» Mit anderen Worten: Auch wenn Seneca verachtet, was die Juden treiben, respektiert er, dass sie ihre eigenen Schriften und deren Lehren kennen und in ihren Praktiken auch inhaltlich, also nicht nur in bloßer Traditionsnachahmung, ausgebildet sind. Wenn nun gerade ein «komplett ruchloses Volk» den Römern in der genauen Kenntnis religiöser Riten so überlegen ist, wirkt die Kritik Senecas am unwissenden Kultgebaren der Römer umso vernichtender.

Gaius (Titus?) Petronius Arbiter (Niger) (ca. 6–66 nach Christus)

Petronius war römischer Staatsbeamter, hatte hohe Ämter auch außerhalb Italiens inne – beispielsweise als Prokonsul in Bithynien, jener Verwaltungsprovinz, in der zu dieser Zeit die Empfänger des 1. Petrusbriefs lebten (1. Petrus 1,1) – und wurde um 62 nach Christus Konsul. An Neros Hof war er jahrelang einflussreicher Berater in «Geschmacksfragen», wurde jedoch nach Intrigen im Jahre 66 nach Christus von Nero zum Selbstmord gezwungen.

Diesem Petronius wird der großangelegte Sittenroman «Satyrica» zugeschrieben, der nur in Fragmenten erhalten ist. Wahrscheinlich weitgehend vollständig liegt der zentrale Teil des 15. Buches vor, das «Gastmahl des Trimalchio». Diese Satire hat bis in die Gegenwart Nachahmer gefunden und hat das Bild von der Dekadenz der römischen Gesellschaft zur Zeit Neros nachhaltig geprägt. Neuere Forschungen machen plausibel, dass Petronius das Markusevangelium kannte und im «Gastmahl» stellenweise parodierte.

Seine Einstellung gegenüber den Juden geht nicht über die uns bekannten Klischees hinaus, hatte jedoch aufgrund der großen Popularität des Romans vor allem in der frühen Neuzeit einen kulturgeschichtlichen Einfluss auf viele antijüdische Vorurteile:

Petronius, Fragmenta, Nr. 37 – Ernout (Stern Nr. 195)

Der Jude mag seinen Schweine-Gott anbeten und in die Ohren des höchsten Himmels rufen. Wenn er jedoch nicht mit einem Messer seine Vorhaut beschneidet und nicht sein kunstvoll geknüpftes Haupt(haar) löst, dann wird er – aus seinem Volk gestrichen – griechische Städte bereisen und nicht zu Fastenzeiten am Sabbat wegen des Gesetzes zittern.

Petron, dem dieses Fragment von den meisten Forschern zugeschrieben wird, ist der erste Autor, der die Juden als Verehrer eines Schweine-Gottes verspottet. Der Gedankengang war ebenso simpel wie polemisch: Juden aßen kein Schweinefleisch, also war ihnen das Schwein heilig, also war es ihr «Gott». Da sie aber keine Altäre besaßen und keine Götterstatuen – was für Römer und Griechen völlig unverständlich war –, warf man ihnen vor, ihre Gottheit irgendwo im Himmel zu suchen. Immerhin, spottet Petron, Juden konnten sich tarnen – sie mussten nur auf die Beschneidung verzichten und die Haare hochgebunden statt lang tragen, und schon würden sie unbehelligt durch griechische Städte reisen, ohne unter dem Druck der Sabbatregeln leben zu müssen. Sie wären dann zwar keine Juden mehr, aber, so legt Petron nahe, ganz normale Menschen und Bürger.

Interessant ist hier auch ein Missverständnis der vierten Zeile (lateinisch *«et nisi nodatum solverit arte caput»*): Menahem Stern [Stern Band 2, 1976, Seite 44] übersetzt sie nicht, versteht sie aber als Fortsetzung der dritten Zeile über die Beschneidung; Peter Schaefer [Schaefer 1997, Seiten 77–79] übersetzt sie zwar, aber nicht richtig («and unless he unlooses by art the knotted head») und versteht sie wie Stern als eine Umschreibung der bereits in Zeile 3 behandelten Beschneidung. Gemeint ist etwas ganz anderes: Juden trugen traditionell das Haar lang (man vergleiche Leviticus/3. Mose 19,27 u. a. m.), jedenfalls auffallend länger als Römer und Griechen. Petron verspottet sie nun: Sie konnten das ja in der Öffentlichkeit verdecken, indem sie ihr Haupthaar geschickt (kunstvoll, *«ar-*

te») hochgeschürzt trugen. Eine Beschneidung war nur zu sehen, wenn man in ein öffentliches Bad ging, und hier konnte das mit «schönheitsoperativen» Maßnahmen verdeckt werden (siehe unten Martial, Epigram 7,82). Umgekehrt war in der Regel vor allem in Synagogen-Gemeinden der Diaspora eine fehlende Beschneidung nicht unbedingt zu entdecken, sofern man den Besuch der Mikve (des Reinigungsbads) umging – was Männern ohne weiteres möglich war. Das auch bekleidet sichtbare Haar konnte man jedenfalls bei Bedarf wieder herunterlassen. So war der Jude mit hochgeknotetem Haar für beide Lebensbereiche gerüstet. Petron scheint zu behaupten, wer so herumlaufe, werde aus dem Judentum verstoßen. Man kann das aber auch einfacher verstehen: Der Betreffende hat sich damit selbst aus der Gemeinschaft, die ohne Tricks auf Beschneidung und langgetragenes Haar Wert legt, entfernt.

In den erhaltenen Teilen seiner «Satyrica» (68,8; 102,14) kommt Petron wiederholt auf die Beschneidung zu sprechen, die nicht nur für ihn das typischste aller Merkmale des Judentums war. Gerade die zweite Stelle zeigt, dass er jedoch nicht nur Juden ins Visier seiner Satire nimmt: «‹Gewiss doch›, sagte Giton, ‹beschneide uns auch noch, damit wir wie Juden aussehen, und durchbohre uns die Ohren, damit wir Araber nachahmen, und male unsere Gesichter mit weißer Kreide an, damit die Gallier uns für Landsleute halten.›» So ist er weder hier noch in dem oben zitierten Fragment als dezidierter Judenfeind auszumachen. Darin unterscheidet er sich immerhin von seinem Zeitgenossen und Kollegen am Hofe Neros, dem Philosophen Seneca.

Aulus Persius Flaccus (34–62 nach Christus)

Persius hinterließ sechs «Satiren», die eine scharfe Gesellschaftskritik mit Angriffen gegen die Dichtung und Philosophie der neronischen Epoche in einer schwierigen, dunklen

Sprache verbinden. Siebenundzwanzigjährig verstorben, konnte er seine zum Teil unausgegorenen Polemiken nicht mehr verfeinern.

In seiner Ablehnung jüdischer Lebensformen ähnelt er Seneca, war aber – nicht ganz im Rahmen der harten Kritik an verschiedenen Aspekten seiner Zeit – sprachlich weniger polemisch als die Zeitgenossen. Die genauen, wenngleich ins Kritische gekehrten Beobachtungen jüdischer Bräuche haben vermuten lassen, dass er eigene Kenntnisse hatte:

Persius, «Satiren» 5,176–184 (Stern Nr. 190)

Ist jener Schmeichler dort sein eigener Herr und Meister, der sich als weiß gekleideter Amtbewerber mit weit offenem Mund herumtreibt? Sei wach und bringe großzügig Kichererbsen unter das Volk – es reißt sich darum. So können sich die sonnigen Greise an unsere Floralia erinnern. Was könnte schöner sein? Aber wenn der Tag von Herodes kommt und die auf den üppigen Fenstern platzierten Leuchter, bekränzt mit Veilchen, ihren dicken Rauch ausspeien, wenn der Schwanz des Thunfisches in der roten Schüssel schwimmt, wenn das weiße Gefäß von Wein überquillt, dann bewegst du stumm die Lippen und bist blass – am Sabbat der Beschnittenen!

Das Zitat verbindet zwei Elemente der Verspottung jüdischer Eigenarten: die genaue Beachtung der Sabbat-Regeln und die Beschneidung. Persius benutzt den bekanntesten Judenfürsten seiner Zeit, den zumindest vorübergehend unter Augustus auch in Rom hoch angesehenen Herodes («den Großen», 37-4 vor Christus, der im Übrigen von Geburt gar kein Jude war), um eine typisch jüdische Sitte der Juden, den Sabbat, zu kennzeichnen. Auch die Nachfahrenschaft des Herodes, kurz also die «herodianische Epoche», deren Zeitgenosse Persius war, ist hier im Blick. Den Kontrast bieten die «Floralia», die Feste der Göttin Flora, die von den Römern begangen wurden und Schauspiele ausgesprochen obszönen Charakters enthielten. «Was könnte schöner sein?» («*Quid pulchrius?*») ist hier selbstverständlich ironisch gemeint. So feierten die dekadenten Römer – und blickten dann mit bleichen Lippen auf das so ganz andere Fest der Juden, den Sabbat, dessen rußende Lichter in den Fenstern alles waren, was die Bevölkerung zu sehen bekam. Persius deutet zugleich an, was wir auch aus anderen Quellen wissen: Viele Römer waren von ihren eigenen Bräuchen so übersättigt, dass sie sich, meist ohne zu konvertieren, den Riten der Synagogen-Gemeinden anschlossen. Die Sachkenntnis des Persius erstreckt sich auch auf die Beschreibung des Brauchs, zu Sabbatbeginn (Thun-)Fisch zu essen und zum Weinsegen den Becher bis zum Rand zu füllen. Für ihn ist das ein Aberglaube, vor dem sich ein traditionsverpflichteter Römer voller Abscheu abwendet. Ob er hier seine persönliche Meinung vertritt oder im Rahmen der Satire eine verbreitete Meinung wiedergibt, kann nicht entschieden werden.

Marcus Fabius Quintilianus (ca. 35 – ca. 99 nach Christus)

Quintilian stammte aus Calagurris, dem heutigen Calahorra in Spanien. Er wurde Erzieher der beiden Großneffen und Erben Kaiser Domitians in Rom und galt als einer der besten Redner und Rhetorik-Lehrer seiner Zeit. Seine Erfahrungen und Thesen sind im Werk «De institutione oratoria» («Über die Erziehung zum Redner») zusammengefasst. Buch 10 enthält eine griechisch-römische Literaturgeschichte. Dieses Werk gilt zu Recht als eine der sprachlichen und gestalterischen Meisterleistungen der lateinischen Literatur nach Cicero.

Die Nachwirkung seiner in der Sache weder neuen noch originellen Kritik am Judentum war auch wegen ihrer Einbettung in dieses Werk besonders groß. Hinzu kam, dass Quintilian von Kirchenvätern wie Hieronymus zitiert und propagiert wurde, ohne dass dabei seine antijüdischen Vorbehalte kritisiert worden wären.

Quintilian, «Über die Erziehung zum Redner» 3,7,21 (Stern Nr. 230)

Bei schlechten Kindern hassen wir auch die Eltern: Für Städtegründer ist es eine Schande, ein Volk zu sammeln, welches den Übrigen Verderben bringt. Dazu als bestes Beispiel: der Gründer des jüdischen Aberglaubens [«superstitio»]. Auch die Gesetze der Gracchen sind verhasst. Und auch wenn irgendetwas der Nachwelt als schlechtes Beispiel weitergegeben wird, wie etwa die schlimme Form von Begierde, die ein Perser als Erster gewagt haben soll, bei einer Frau von Samos anzuwenden.

Das Judentum wird hier als «Aberglaube» und – wenngleich nicht allein – als «Verderben für die anderen» eingestuft. Zugleich wird als «Gründer» («*auctor*») der namentlich nicht genannte Mose in die Polemik mit einbezogen. Tacitus (siehe unten) wird später die jüdische Religion ebenso als «*superstitio*», als Aberglauben, einstufen. Doch das ist ein Werturteil, das bei ihm und in der gesamten römischen Literatur auch andere fremdartige Religionen traf. Was bei Quintilian auffällt, ist die Personifizierung der Beschuldigung: Da war ein Gründer, der den verdammten Aberglauben ins Leben rief – diese «Schande einer Stadt» ist also nicht gesetzt, ist nicht von den «Göttern» gestiftet. Ein klassischer «Antisemit» war Quintilian dennoch nicht; auch unser Zitat zeigt, dass er andere in seinen Tadel miteinbezieht.

Marcus Valerius Martialis (ca. 40–102 nach Christus)

Martial stammte aus Bilbilis bei Bambola im heutigen Spanien. Anfangs verdiente er sein Geld in der Hauptstadt als Klient vornehmer Römer, wurde von Titus und Domitian gefördert und schließlich in den Ritterstand erhoben. Um 98 nach Christus kehrte er in die Heimat zurück, nachdem ihm eine reiche Gönnerin dort ein Landgut geschenkt hatte. Von «außen» in die römische Gesellschaft kommend, beschrieb Martial neben ernsthafteren Themen vor allem deren Dekadenz und Verlogenheit in beißend spöttischen, oft auch witzigen und zum Teil selbstironischen Epigrammen, deren 15 Bücher vollständig erhalten sind.

Dem Judentum wendet er auffällig häufig seine kritische Aufmerksamkeit zu. Nur die Attis- und Kyble-Kulte in Phrygien kommen in den religiös-kritischen Teilen seiner Epigramme noch häufiger vor. Wie andere Römer wendet er sich vor allem gegen die Beschneidung und die Sabbat-Pflichten. Die Zeitgenossen mögen das als satirisch goutiert haben; aus jüdischer Sicht, aber auch grundsätzlich aus heutiger Perspektive, ist es jedoch eine böswillige Karikatur:

Martial, «Epigramme» 4,4 (Stern Nr. 239)
Den Gestank vom Morast eines ausgetrockneten Sees,
die Nebelschwaden der blutigen Albula,
den alten Duft eines Fischteichs,
den faulen Ziegenbock
beim Geschlechtsakt auf der Ziege,
die Soldatenstiefel eines erschöpften Veteranen,
Wolle zweimal mit Purpur getränkt,
Frauen, die am Sabbat fasten,
die Ausdünstung niedergeschlagener Angeklagter,
ein verlöschendes Licht der unflätigen Leda,
Wachssalbe aus sabinischer Weinhefe,
die Flucht eines Wolfes, das Lager einer Viper –
das alles würde ich lieber riechen
als deinen Gestank, Bassa.

Martial, «Epigramme» 7,30 (Stern Nr. 240)

Du gibst den Parthern, du gibst den Germanen, du gibst den Dacern, Caelia. Die Ehebetten der Zilizier und Kappadozier verachtest du nicht. Deinetwegen kommt von seiner ägyptischen Stadt der Beischläfer aus Memphis angereist, vom Roten Meer der schwarze Inder. Du fliehst weder die Geschlechtsteile der beschnittenen Juden, noch geht der Skythe auf seinem sarmatischen Pferd an dir vorbei ... Warum machst du das, wo du doch ein römisches Mädchen bist? Warum findest du keinen Gefallen an einem römischen Schwanz?

Martial, «Epigramme» 7,82 (Stern Nr. 243)

Den Schwanz von Menophilus bedeckt ein so großer Infibulationsring – also, einer davon wäre genug für sämtliche Komödienspieler! Ich habe immer gemeint, dass dieser (wir baden nämlich oft miteinander) eifrig besorgt ist, seine Stimme zu schonen, Flaccus: Als er aber mitten auf dem Ringplatz vor aller Augen spielte, ist dem Armen sein Infibulationsring abgerutscht: Er war beschnitten! [Ein Infibulationsring ist ein Ring, der normalerweise zur Verhinderung des Beischlafs durch die Vorhaut gezogen wurde.]

Martials Spott ist im ersten der hier zitierten Epigramme ein «Rundumschlag» – der Mundgeruch fastender jüdischer Frauen am Sabbat (man könnte neugierig fragen, woher Martial ihn kannte) steht in einer Reihe anderer abscheulicher Gerüche, die allerdings nur in zwei Fällen mit Menschen verbunden sind – bei deprimierten Angeklagten und eben bei Jüdinnen am Sabbat. Immerhin: Auch das zieht er noch dem Gestank der von ihm angegriffenen Bassa vor. Ähnlich umfassend greift Martial im zweiten der zitierten Epigramme den Liebesgeschmack der Caelia an: Allen gibt sie sich hin, nur den noblen Römern (und also auch ihm) nicht.

Im dritten der von uns übersetzten Epigramme begegnen wir dem schon bei Petron (siehe oben) vorausgesetzten Brauch: Jüdische Männer hatten Möglichkeiten gefunden, ihre Beschneidung zu kaschieren – und wie wir hier sehen, nicht immer erfolgreich. Hinter dem Spott stehen historische Gestalten: Es gab zur Zeit Martials in der Tat jüdische Bühnenschauspieler. Neben dem Menophilus des Martial ist, aus der Zeit Neros, namentlich ein Alityris bekannt [Flavius Josephus, «Selbstbiographie» («Vita»), 3,16; Josephus verdankte ihm den Zugang zu Poppaea, der Ehefrau Neros].

Mestrius Plutarchus
(ca. 46 – ca. 120 nach Christus)

Plutarch kam aus Chaironeia in Böotien nördlich des Golfs von Korinth im heutigen Griechenland. Er studierte in Athen, wurde in Rom von den Kaisern Trajan und Hadrian gefördert, kehrte jedoch nach Böotien zurück, wo er als regionaler Beamter arbeitete und Biographien sowie philosophische Abhandlungen verfasste. Berühmt und lange nachwirkend wurden vor allem die Doppelbiographien, in denen je ein Grieche und Römer vergleichend gegenübergestellt werden (so zum Beispiel Alexander und Caesar).

Zu philosophischen und theologischen Themen äußerte Plutarch sich vor allem in den «Moralia» und dem Buch «Über den Aberglauben» («De Superstitione»). In den gegen Ende des Jahrhunderts entstandenen «Quaestiones» behandelte er verschiedene Religionen und Lebensformen der Völker. Bis in die Neuzeit waren vor allem die Geschichtsschreibung und die Philosophie von ihm beeinflusst; Shakespeare verdankt ihm einen Teil seiner Stoffe und Gedanken.

Plutarchs Einstellung zum Judentum ist nicht nur von übernommenen Motiven geprägt. Er behandelt sie in verschiedenen Werken, und es lässt sich erkennen, dass er Juden (wohl vor allem in Rom) persönlich begegnet war und zumindest flüchtige Kenntnisse der griechischen Übersetzung des «Alten Testaments» (der «Septuaginta») besaß. Darüber hinaus muss er eigene Recherchen angestellt haben. Manches von dem, was er berichtet, geht auf Praktiken zurück, die den Tempel in Jerusalem voraussetzen. Gerade dieser Anspruch, Fakten darzustellen, hat die als judenkritisch verstandenen Äußerungen Plutarchs eine nicht in seinem Sinne liegende, gefährliche Nachwirkung entfalten lassen:

Plutarch, «Quaestiones» 4,5,3 (Stern Nr. 258)

Essen die Juden kein Schweinefleisch, weil sie das Schwein verehren oder weil sie es verabscheuen?

«Ganz und gar nicht!» erwiderte Lamprias. «Sie schonen vielmehr den Hasen, wegen seiner Ähnlichkeit mit dem Esel, den sie von allen Tieren am inbrünstigsten verehren. Der Hase scheint nämlich ein etwas weniger großer und weniger dicker Esel zu sein. Denn sowohl die Haut als auch die Ohren, der Glanz der Augen und seine Unverschämtheit sind einander verblüffend ähnlich. So sehr, dass kein Kleines einem Großen seiner Gestalt nach so gleicht. Vielleicht, bei Zeus, denken sie sogar wie Ägypter bezüglich des Charakters der Tiere und halten deren Schnelligkeit und deren Präzision der Sinne für göttlich. Ihre Augen nämlich sind unermüdlich: Sie schlafen sogar mit offenen Augen. Und auch durch ihr scharfes Gehör scheinen sie sich auszuzeichnen. Die Ägypter bewundern es und meinen in den Hieroglyphen das Gehör, wenn sie ein Hasenohr zeichnen.»

«Schweinefleisch aber scheinen die Juden abzulehnen, weil Barbaren besonders die weißen Flecken auf der Haut und die Lepra verabscheuen. Sie meinen, dass durch den Kontakt die Menschen von solchen Krankheiten aufgezehrt werden. Wir sehen ja, jedes Schwein ist unter dem Bauch bedeckt mit Lepra und schuppigen Ausschlägen. Liegt nun im Körper eine Schwäche oder eine Störung vor, so scheint sich die Krankheit schnell über den Körper auszubreiten. Indessen birgt auch das Schmutzige in Hinsicht auf die Lebensweise des Haustieres an sich schon etwas Schlechtes in sich: Bei keinem anderen Lebewesen nämlich lässt sich eine solche Freude an Schlamm und schmutzigen, unreinen Orten beobachten, sieht man einmal von den Tieren ab, die in solcher Umgebung geboren

sind und dort entsprechend von Natur aus leben. Man sagt, die Augen der Schweine seien so geneigt und durch ihr Aussehen so gesenkt, dass sie nie irgendetwas von den Dingen über ihnen wahrnehmen. Auch den Himmel sehen sie nicht, es sei denn sie werden verkehrt herum getragen und ihre Augen schauen so unnatürlich gegen oben. Obwohl sie sonst am meisten schreien, sind die Tiere immer ruhig, wenn sie so getragen werden. Sie bestaunen still den ungewohnten Anblick des Himmels und fürchten sich zu sehr, als dass sie noch schreien würden.

Und sollte es erforderlich sein, auch noch die Mythologie als mögliche Erklärung herbeizuziehen: So soll Adonis von einem Schwein zugrunde gerichtet worden sein. Adonis, von dem man nichts anderes glaubt, als dass er Dionysos sei. Viele Riten an den Festtagen für die beiden stärken diesen Eindruck noch. Andere dagegen meinen, er sei ein Kind des Dionysos. Und Phanocles, ein erotischer Dichter, wusste sicher, wovon er sprach, als er folgende Zeile schrieb: ‹Und wie Dionysos, auf den Bergen herumschweifend, den göttlichen Adonis raubte, als er auf das heilige Kypros kam ...›»

Im Plutarch-Zitat begegnen wir der von Petron viel krasser ausgesprochenen Vermutung wieder, dass Juden möglicherweise einen Schweine-Gott anbeten. Doch er beschreibt dann eher sachlich die Gründe, warum sie kein Schweinefleisch essen. Und die Person, die hier spricht, Lamprias, der Bruder des Plutarch, scheint den Gründen, warum man kein Schweinefleisch essen solle, sogar zuzustimmen. Die Anspielung auf Lepra-Erkrankungen und Schuppenflechten erinnert an die im Buch Exodus/2. Mose genannten Gründe, warum Schweinefleisch vermieden werden soll – jedenfalls durchzieht es die griechische und römische Literatur gegen die Juden, dass dieses Volk Ägypten verließ, weil dort eine Lepra-Epidemie ausgebrochen war.

Was Lamprias hier bei Plutarch sagt, unterscheidet sich auffallend von der Verachtung, die Tacitus (siehe unten) den Juden nicht zuletzt deswegen entgegenbringt, weil sie kein

Schweinefleisch essen. Man kann hier – gerade im Vergleich mit den Zeitgenossen – bei Plutarch keine Judenfeindschaft entdecken; die mit Argumenten unterstützte Zustimmung seines eigenes Bruders zur Begründung für einen der auffälligsten jüdischen Bräuche macht das deutlich.

Plutarch ist auch sonst ausgewogen im Urteil: Anhänger einer Religion des Aberglaubens sind für ihn nicht nur die Juden, sondern alle, die sich nicht den römischen Kulten anschließen. An einer Stelle könnte man hinter der Kritik fast eine Spur des Bedauerns entdecken, aus so viel Aberglauben ins Unglück zu stürzen: *«Weil es aber Sabbat war, saßen die Juden reglos an ihrem Platz, während der Feind seine Leitern gegen die Stadtmauern lehnte und die Verteidigungsanlagen einnahm, und sie erhoben sich nicht, sondern blieben, wo sie waren, gefesselt in den Banden ihres Aberglaubens wie in einem großen Netz»* («Über den Aberglauben», «De Superstitione» 8). Diese Stelle ist umso anrührender, als es Juden keineswegs verboten war oder ist, am Sabbat zur Selbstverteidigung zu kämpfen. Plutarchs Wirkung auf nachfolgende Generationen war allerdings von einer negativen Auswahl bestimmt; man suchte sich bei ihm die Kritik heraus, ohne den Kontext zu berücksichtigen.

Publius (?) Cornelius Tacitus
(ca. 55 – ca. 120 nach Christus)

Tacitus wurde in Gallien, wahrscheinlich im heutigen Narbonne, geboren, absolvierte erfolgreich die römische Ämterlaufbahn und war 88 nach Christus Prätor und 97 Konsul. Unter Kaiser Trajan wurde er Prokonsul der Provinz Asia, in der zu dieser Zeit viele Juden und bereits zahlreiche Christen lebten. Er gilt als der bedeutendste Historiker des römischen Altertums. Seine fast nur in mittelalterlichen Handschriften und wenigen spätantiken Fragmenten erhaltenen Schriften haben unser Wissen über die

Römer in Britannien wie auch über die Germanen und weite Abschnitte der römischen Kaiserzeit entscheidend geprägt.

Es besteht kein Zweifel daran, dass Tacitus die Christen, die er deutlich von den Juden unterscheidet, ebenso hasste wie das jüdische Volk selbst. Dass er die Christen gegen den Vorwurf verteidigt, Rom in Brand gesteckt zu haben, ist mit seiner Verachtung für Nero und dessen unrömischen Verfolgungsmaßnahmen zu begründen, nicht mit einer plötzlichen Christenliebe. Seine Judenfeindschaft ist jedoch erheblich gehässiger und vor allem ausführlicher formuliert. Sie verbindet die Attacken gegen das Volk und seine Besonderheiten mit einer aggressiven Ablehnung und Verurteilung der jüdischen Religion. Hauptquelle für diese Position des Tacitus sind die «Historien» (erhalten für die Jahre 69–71 nach Christus) und die gleichfalls nur fragmentarisch erhaltenen «Annalen» über die Jahre 14–68 nach Christus.

Christen, aber vor allem auch die zahlenmäßig unübersehbar präsenten Juden wurden von ihm als Gefährdung des Staatszusammenhalts gesehen. Auf der Grundlage seiner pessimistischen Weltsicht versuchte er, die Feinde der Gesellschaft zu benennen, zu isolieren und mit der Waffe des Wortes zu bekämpfen. Die anti-jüdische Nachwirkung seit der frühen Neuzeit, als seine Werke wieder zugänglich waren, wurde noch dadurch gesteigert, dass er da, wo er als Historiker schreibt, neutral zu bleiben versucht und beispielsweise die Ursachen der Revolte gegen Gaius (Caligula) und die Ursachen des Jüdischen Aufstands gegen die Römer in Galiläa, Judäa und Samaria, 66–73 nach Christus, keineswegs bei den Juden sieht, sondern in den Fehlern des Kaisers Caligula bzw. der römischen Provinzverwaltung.

Tacitus, «Historien» 5,4,1–5,5,5 (Stern Nr. 281)

Mose setzte, um seine Position auch für spätere Generationen zu festigen, neue Riten ein – denen der übrigen Menschen allerdings gerade entgegengesetzt: Bei jenen nämlich ist alles unheilig, was bei uns heilig ist, und wiederum alles erlaubt, was bei uns als unzüchtig gilt.

Ihrem Heiligtum weihten sie ein Bildwerk eines Tieres, durch dessen Weisung ihr Herumirren und ihr Durst ein Ende fand. Zu diesem Anlass opferten sie einen Widder, sozusagen wie als persönliche Beleidigung Ammons [des Widder-Gottes der Ägypter, der von den Griechen oft mit Zeus gleichgesetzt wurde]. Sie bringen Stieropfer dar, weil die Ägypter Apis verehren. Schweinefleisch dagegen rühren sie nicht an, eingedenk des Schadens: Einst hatte sie nämlich ein Aussatz entstellt, deren Ursache eben dieses Tier war ...

Durch häufige Fastenzeiten legen sie heute noch Zeugnis ab von der langen Hungersnot von einst. Auch der Brauch der ungesäuerten Brote wird bei den Juden beibehalten und hat Symbolcharakter: als Bild für den Raub der Feldfrüchte. Den siebenten Tag, so sagt man, hätten sie für die Ruhe bestimmt: Er hätte nämlich den Mühen ein Ende gemacht. Weil ihnen schließlich die Untätigkeit gefallen haben soll, hätten sie jedes siebente Jahr der Trägheit gewidmet.

Andere wiederum halten den Brauch für eine Ehrung Saturns. Dazu zwei mögliche Erklärungen: a) Die Idäer – angeblich zusammen mit Saturn vertrieben und zu den Begründern des Volkes geworden – haben den Juden die Grundlage ihres Kultes weitergegeben. b) Von den sieben Gestirnen, durch welche die Menschen gelenkt werden, soll der Saturn in oberster Bahn kreisen und am stärksten beeinflussen. Außerdem ziehen die meisten Himmelskörper ihre Bahn und ihren Lauf in Siebener-Gruppen.

Zur Verteidigung dieser Riten, auf welche Art auch immer eingeführt, wird ihr Alter geltend gemacht. Die anderen Einrichtungen, unheilvoll und abscheulich, sind durch ihre Verkehrtheit stark. Gerade die übelsten Subjekte nämlich brachten unter Verschmähung ihrer väterlichen Kulte Abgaben und Spenden dort zusammen. Daher ist die Sache der Juden erst groß geworden. Auch weil bei ihnen Treue eine fest beschlossene Sache ist, Mitleid vor aller Augen sichtbar, Feindeshass dagegen gegen alle anderen gepflegt wird.

Getrennt beim Essen, abgesondert beim Schlafen, unmäßig bei Begierde wie keinesgleichen, halten sie sich fern vom

Beischlaf mit fremden Frauen. Aber unter ihnen, ha, da gibt's nichts, was nicht erlaubt wäre! Die Beschneidung der Genitalien haben sie eingeführt, damit sie durch den Unterschied kenntlich sind. Wer zu ihrer Lebensform übertrat, machte dasselbe geltend. Und nichts machten sie sich eher zur Gewohnheit, als die Götter zu verachten, das Vaterland zu berauben und Eltern, Kinder und Brüder gering zu achten.

Dennoch sorgen sie für Bevölkerungszuwachs: Sie glauben nämlich, eines der nachgeborenen Kinder zu töten sei ein Frevel. [Mit «nachgeborenen Kindern» sind Söhne oder Töchter gemeint, die zum Beispiel aus einer zweiten Ehe oder in eine bereits mehrköpfige Familie hinein geboren wurden.] Außerdem glauben sie, dass die Seelen der im Kampf oder durch Hinrichtung Verschiedenen ewig sind. Von daher kommt ihre Liebe zur Fortpflanzung und ihre Todesverachtung. Nach ägyptischer Sitte bewahren sie die Leichname lieber auf, als sie zu verbrennen. Gleichsam haben sie dasselbe Interesse und dieselbe Überzeugung in Bezug auf die Unterwelt. Ganz anders dagegen in Bezug auf die Himmlischen:

Die Ägypter verehren die meisten Tiere, außerdem handgemachte Bildwerke – die Juden nehmen ihre einzige Gottheit allein durch den Verstand wahr. Für unheilig halten sie, wer mit vergänglichen Materialien menschenähnliche Bildnisse formt. Die Begründung: Dieses Höchste und Ewige sei weder nachahmbar noch vergänglich. Deshalb stellen sie in ihren Städten auch keine Götterbilder auf, geschweige denn in ihren Tempeln – keine Schmeichelei für Könige, keine Ehrung für Caesaren.

Aber weil ihre Priester zu Flöte und Tamburinen singen, weil sie mit Efeu bekränzt sind und weil im Tempel eine goldene Weinranke gefunden wurde, glauben einige, Vater Liber [eine altitalische Weingottheit] werde verehrt, der Bezwinger des Orients. Allerdings stimmen die Bräuche überhaupt nicht überein: Liber setzte Feste und fröhliche Riten ein, während die Sitte der Juden widersinnig und schmutzig ist.

Tacitus; zitiert bei: Sulpicius Severus, «Chronik» 2,30,6–7 (Stern Nr. 282)

Nach der Überlieferung soll Titus unter Einberufung des Rates sich zuerst überlegt haben, ob er den Tempel, ein so groß-artiges Werk, wirklich zerstören soll: Einigen schien es näm-lich, man sollte das geweihte Gotteshaus, dessen Bekannt-heitsgrad weit über alles von Menschenhand Erbaute hinausging, nicht zerstören, da es in erhaltenem Zustand ein Beweis römischer Milde wäre. In zerstörtem Zustand dagegen würde es ein ewiges Zeichen von Grausamkeit sein.

Titus selbst aber war neben anderen der Meinung, der Tempel müsse in erster Linie zerstört werden, damit die jüdische und die christliche Religion umso vollständiger ver-tilgt werden können. Diese Religionen nämlich, in sich freilich verschieden, gehen doch von denselben Ursprüngen aus. Die Christen seien aus den Juden hervorgegangen, und wenn man die Wurzel aufhebe, dann werde der Zweig schnell zugrunde gehen.

Im ersten Zitat beschreibt Tacitus, ganz mit der Geste des Historikers, was er aus den Quellen zusammentragen konnte. Auch wenn wir nur einen Auszug wiedergeben: Er war derjenige römische Autor, der am ausführlichsten über Juden und Ju-dentum berichtete, in den hier zitierten «Historien» ebenso wie in den «Annalen». Eine objektive Sachkenntnis, wie sie zum Beispiel Plutarch auszeichnete, fehlt ihm allerdings völlig. Das ihm Fremde beschreibt er ohne Verständnis für die Quellen; die im damaligen Römischen Reich durchaus zugängliche grie-chische Übersetzung des «Alten Testaments», die so genannte «Septuaginta», kannte er offensichtlich nicht.

Auch für Tacitus ist der jüdische Glaube Menschenwerk, geschaffen von Mose. Was auch immer er seinen Quellen ent-nahm, wird negativ interpretiert. Auch die den Juden unter-schobene Feindschaft gegenüber anderen Völkern belegt diese einseitige Sicht: Aus der bewussten Absonderung gegenüber anderen Religionen und dem Willen, unter sich zu bleiben, wird aktive Feindseligkeit. Anders gesagt: Was auch immer die Juden tun, es wird gegen sie ausgelegt, ohne den geringsten Versuch, es zu verstehen (wie wir es ganz anders noch bei Plutarch sahen).

Tacitus schrieb als Repräsentant der römischen Bildungselite des frühen 2. Jahrhunderts. Nicht zuletzt dies machte seine negative Sicht so einflussreich. Das zweite Zitat ist nur von dem christlichen Historiker Sulpicius Severus um 400 nach Christus überliefert, gilt jedoch als echt. Tacitus berichtet von der offenbar bis in höchste Kreise vertretenen Ansicht, der Tempel in Jerusalem sei eine Art Weltwunder der Architektur und stehe deshalb unter Schutz. Doch mit Genugtuung notiert er, dass sich Titus, der Eroberer Jerusalems, darüber hinwegsetzte.

Aufschlussreich ist die Deutung, dass mit der Zerstörung des Tempels auch eine Wurzel der neuen Religion, des Christentums, zerstört werde. Tacitus wusste durchaus, wer die Christen waren, und konnte sie von den Juden unterscheiden (man vergleiche seinen Bericht über die Christenverfolgung unter Nero, «Annalen» 15,44,2–5). Wenn er sagt, dass die Christen aus der jüdischen Wurzel hervorgegangen sind, weiß er es um 97 nach Christus jedenfalls in Übereinstimmung mit den Evangelien und Paulus besser als die frühchristlichen Judenfeinde des 2. und 3. Jahrhunderts, die genau diesen Punkt bestreiten.

Immer wieder versucht Tacitus abzuwägen, die Juden und auch die Christen selbst gegen Römer da zu verteidigen, wo an ihnen Machtmissbrauch und Rechtsbeugung geschahen. Allerdings ist klar, dass er seine Tatsachenfeststellungen nicht positiv meint: Die Juden – und die Christen nach und mit ihnen – folgen einem verabscheuungswürdigen, gesellschaftsschädlichen Unglauben, der zu bekämpfen ist. Um die Ausrottung der Wurzel und die Vernichtung der sichtbaren Zeichen geht es ihm bei *beiden* Religionen, wenigstens solange dies im Rahmen des geltenden Rechts geschah.

Gaius Suetonius Tranquillus
(ca. 75 – ca. 150 nach Christus)

Sueton gehörte dem römischen Adel an, er arbeitete als Rechtsanwalt und als führender Sekretär in der Verwaltung unter den Kaisern Trajan und Hadrian. Seine nahezu vollständig erhaltenen Biographien der Kaiser von Julius Cäsar bis Domitian gelten als wichtigste Quelle über die Kaiserzeit, trotz vieler subjektiver und mangelhafter Details und Urteile. Von anderen Werken, namentlich «Über berühmte Männer» («De viris illustribus»), sind nur Fragmente erhalten.

In seinen Kaiserbiographien finden sich verschiedene Sottisen gegen die Juden, die in einem Fall («Domitian» 12,2) in Form eines Augenzeugenberichts genüsslich dargestellt werden. Ob er selbst ein ausgesprochener «Antisemit» war, ist zu vermuten, aber aus den Werken nicht zu beweisen. Sicherer ist seine abgrundtiefe Verachtung für die Christen (man vergleiche «Nero», 16). Er scheint allerdings nicht intelligent genug gewesen zu sein, um (anders als etwa Tacitus vor ihm) präzise zwischen Juden und Christen zu unterscheiden. Den Anstifter der Unruhen in Rom, die zur Vertreibung der jüdischen und judenchristlichen Anführer durch Kaiser Claudius führten (siehe oben bei Seneca), hielt er offenbar für einen jüdischen Sklaven oder Freigelassenen namens «Chrestus» («Claudius», 25,4).

Suetonius, «Domitian», 12,2 (Stern Nr. 320)

Neben anderen Abgaben wurde vor allem der «Fiscus Iudaicus» ganz rigoros durchgeführt. Dazu wurde angezeigt, wer auch ohne öffentliches Bekenntnis nach jüdischer Art lebte oder wer seine Herkunft zu verstecken suchte und die für das Volk erhobenen Abgaben nicht bezahlt hatte. Ich erinnere mich, wie ich einmal als junger Mann dabei war, als ein neunzigjähriger Greis vom Prokurator und der voll besetzten Ratsversammlung untersucht wurde, um zu sehen, ob er beschnitten war.

Den «Fiscus Iudaicus», die «Judensteuer», hatte Kaiser Vespasian nach der Niederschlagung der jüdischen Revolte gegen die Römer in Galiläa, Judäa und Samaria (66–74 nach Christus), die mit der Zerstörung Jerusalems und des Tempels im Jahre 70 nach Christus endete, reichsweit eingeführt. Sie bestand aus jährlich zu zahlenden zwei Denaren, trat an die Stelle der Tempelsteuer, die alle Juden bis dahin zahlten, und war dem Tempel des Kapitolinischen Jupiters in Rom gewidmet. Das konnte man bereits als eine politisch begründete antijüdische Maßnahme verstehen, die allerdings den Alltag der Juden außerhalb der Verwaltungsprovinz «Judaea» ansonsten nicht beeinträchtigte. Erst später entwickelten sich daraus auch in Rom bewusste, einzelne Juden betreffende Erniedrigungen, wie sie Sueton in unserem Zitat für die Herrschaftszeit Domitians (81–96 nach Christus) schildert.

Philostratus (170 – ca. 245) und Claudius Cassius Dio (ca. 155 – ca. 235 nach Christus)

Wer von Philostratus spricht, muss erst einmal sagen, wen er damit eigentlich meint – und genau das ist, wie sich gleich zeigen wird, gar nicht immer so einfach: Nach der Suda, dem im Zusammenhang mit Damocritus schon einmal erwähnten byzantinischen Lexikon aus dem 10. Jahrhundert nach Christus, gab es nämlich gleich deren drei, nach den Erkenntnissen der neueren Forschung sogar deren vier. Dass wenigstens die ersten drei miteinander verwandt waren, macht die Sache auch nicht einfacher. Der erste Philostratus soll unter Kaiser Nero gelebt haben und der Vater des zweiten, des Flavius Philostratus (ca. 170 – ca. 245 nach Christus), gewesen sein, der dritte der Großneffe und zugleich Schwiegersohn des zweiten. Und spätestens hier können einem doch ernsthafte Zweifel an der Richtigkeit der Suda aufkommen, obwohl zugegebenermaßen eine solche Doppelverwandtschaft nicht ganz auszuschließen ist [Lesky 1993, Seite 935–37]. Nicht einmal die heute noch zur

Identifikation unbekannter Personen so unheimlich wichtige Frage nach dem Beruf hilft hier weiter, denn alle drei waren offenbar Rhetoren (Redeschul-Lehrer) und Sophisten – und alle drei stammten aus Lemnos, jener griechischen Insel in der Ägäis.

Trotzdem stehen wir nicht ganz auf verlorenem Posten: Mit zwei Ausnahmen können alle unter dem Namen Philostratus erhaltenen Schriften mit einem hohen Grad an Wahrscheinlichkeit dem zweiten zugeschrieben werden. Die Lebensgeschichte des Neupythagoräers – eines Anhängers der Lehre des griechischen Philosophen Pythagoras aus dem 6. Jahrhundert vor Christus – mit Namen Apollonius (1. Jahrhundert nach Christus), aus der auch der folgende Passus stammt, ist sogar mit Sicherheit von ihm:

Philostratus, «Das Leben des Apollonius», 5,33b-34 (Stern Nr. 403)

«... Denn die Juden stehen schon lange in offenem Aufruhr. Nicht nur gegen die Römer, sondern gegen alle Menschen. Sie haben nämlich einen Lebensstil gefunden, der keine Vermischung kennt: weder Tischgemeinschaft noch Trankopfer, noch Gebete, noch Opferfeste führen sie in Gemeinschaft mit der übrigen Menschheit durch. Sie sind uns ferner als Susa und Baktra und – noch weiter weg – auch ferner als die Inder. War es folglich auch nicht konsequent, die Aufständischen zu bestrafen, die wir besser gar nie annektiert hätten? Nehmen wir als Beispiel Nero: Wer hätte nicht darum gebeten, ihn mit eigener Hand zu töten, ihn, der das Blut der Menschen trank und mitten in seinem Blutbad sang? Und trotzdem waren meine Ohren offen für Berichte über dich: Wann auch immer einer von dort kam und erzählte, 30'000 Juden seien durch dich umgekommen und in der nächsten Schlacht 50'000, da habe ich den Boten auf die Seite genommen und ihn ruhig gefragt: ‹Aber was ist denn mit dem Mann? Er kann doch noch mehr!›»

Während Euphrates so redete, sah Apollonius, dass Dion ihm zustimmte. Dies wurde deutlich durch sein Zunicken und seine lobenden Worte an den Redner. Also sprach er: «Kannst du, Dion, nicht noch etwas zum Gesagten hinzufügen?» «Beim Zeus, ja, das kann ich!» antwortete dieser. «In einigen Punkten stimme ich überein, in anderen jedoch nicht: Ich glaube, ich habe dir [schon einmal] gesagt, dass es viel besser gewesen wäre, Nero auf die Seite zu schaffen, als bei den Juden für Ordnung zu sorgen.»

Flavius Philostratus wurde um 170 nach Christus geboren. Nach seinem Studium in Athen kam er unter Septimius Severus (145/46–211 nach Christus; seit 193 römischer Kaiser) nach Rom. Dort lernte er dessen Frau in zweiter Ehe, die Syrerin Julia Domna, kennen. In ihrem Auftrag schrieb er die bereits genannte Lebensgeschichte des Apollonius. Das achtbändige Werk wurde erst fertig gestellt, als die Auftraggeberin schon gestorben war (217 nach Christus). Es handelt von der Geburt und Erziehung des Helden, von seiner asketischen Lebensweise sowie von seinen ausgedehnten Reisen und seinen Wundertaten. Außerdem wird berichtet, wie er aufgrund einer Auseinandersetzung mit dem damaligen römischen Kaiser Domitian zur Gerichtsverhandlung nach Rom vorgeladen wurde, dann aber von dort unter mysteriösen Umständen verschwand und plötzlich wieder in Athen auftauchte, wo er den Tod des Imperators vorausgesagt haben und schließlich selbst gestorben sein soll.

Gewährsmann von Philostratus ist ein Assyrer namens Damnis, angeblich ein Freund von Apollonius, den es aber allem Anschein nach nie gegeben hat. Wahrscheinlicher ist, dass dem Werk lokale schriftliche oder mündliche Traditionen zugrunde liegen, deren Spuren in den zahlreichen geographischen, mythologischen und ethnographischen Exkursen gelegentlich zum Vorschein kommen [Rothe, 1997, Seiten 533–36].

So widerspiegelt denn auch das oben in der Übersetzung vorliegende Zitat – das Philostratus nicht etwa seinem Helden Apollonius, sondern dessen Gegner Euphrates in den Mund legt – kaum die Meinung des Autors, wohl aber die Meinung nicht weniger seiner und des Apollonius' Zeitgenossen. Es nimmt

Bezug auf die Ereignisse der Jahre 66–70 nach Christus und ist damit eine der vielen Belegstellen dafür, wie nachhaltig und negativ der Jüdische Krieg sich auf die Einstellung gegenüber dem auserwählten jüdischen Volk ausgewirkt hatte. Die Vorwürfe, die im Text gegen die Juden erhoben werden, sind dieselben geblieben wie zuvor: Von der vermeintlichen Fremdenfeindlichkeit und Selbstabgrenzung der Juden war schon bei Manetho, Apollonius Molon, Lysimachus, Apion, Damocritus und Tacitus die Rede. Nur haben sich die Stimmen, die jetzt solche und ähnliche Vorwürfe erheben, sowie die Ohren, die auf so etwas hören wollen, offenbar vervielfacht. Außerdem, und das ist wirklich entscheidend, hat keiner der Vorgänger von Philostratus seine Vorwürfe gegen die Juden mit der Forderung eines Massenmordes in Verbindung gebracht, von dem hier im Text eindeutig die Rede ist. Mit Sicherheit begann diese Entwicklung schon während und unmittelbar nach dem Krieg. Festzuhalten bleibt, dass sich in den darauf folgenden Jahren die Gefühlswogen offenbar nicht glätteten, sondern dass sie erst so richtig aufbrausten.

Ein wichtiger Zeuge dafür ist ein Zeitgenosse des Philostratus: Claudius Cassius Dio. Er wurde um 155 nach Christus, vermutlich in Nicäa/Bithynien, geboren und starb ungefähr im Jahre 235. Wie Philostratus begann er seine literarische Tätigkeit unter Kaiser Septimius Severus. Von seinem 80(!)-bändigen Hauptwerk über die römische Geschichte sind die Bücher 36–60 (über die Ereignisse von 68 vor bis 47 nach Christus) und die Bücher 78–79 größtenteils erhalten geblieben. Sie gelten als eine der wichtigsten Quellen für die römische Kaiserzeit. Wo der ursprüngliche Text verloren gegangen ist, bürgen Ioannes Xiphilinus (11. Jahrhundert nach Christus) – so in unserem Fall – und Zonaras (11./12. Jahrhundert nach Christus) sowie konstantinische Exzerpte wenigstens für die Erhaltung des Inhalts. Im 67. Buch schrieb Cassius Dio über die Zeit Domitians, und dort fand sich offenbar auch die entscheidende Stelle, die im Folgenden zitiert wird:

Cassius Dio, «Historia Romana» 67,14,1–3; zitiert bei: Xiphilinus F110R (Stern Nr. 435)

In demselben Jahr ermordete Domitian unter vielen anderen auch den Konsul Flavius Clemens. Das tat er, obwohl dieser sein Neffe war und Flavia Domitilla zur Frau hatte – auch eine Verwandte von ihm.

Beide wurden der Gottlosigkeit angeklagt wie viele andere, die ebenfalls in die jüdische Lebensweise hineingeraten und verurteilt worden sind: Die einen wurden hingerichtet, die anderen ihres Besitzes beraubt. Domitilla wurde «nur» nach Pandateria verbannt.

Glabrio dagegen, der mit Trajan Konsul war, ließ er töten. Außer den gleichen Verbrechen, wie die übrigen sie begangen hatten, war dieser auch noch angeklagt, weil er als Gladiator mit wilden Tieren gekämpft hatte.

Ein weiteres Indiz dafür, dass die judenfeindliche Stimmung im Volk nach Kriegsende nicht allmählich verebbte, sondern nach dem Tod von Titus nur noch zunahm, ist auch die Tatsache, dass der Jude Flavius Josephus von Titus, dem Eroberer Jerusalems, zwar noch protegiert wurde, sich dann aber später unter dem Nachfolgekaiser Domitian gezwungen sah, mit seiner Schrift «Gegen Apion» öffentlich für die Juden Stellung zu nehmen und Aufklärungsarbeit zu leisten.

Dadurch, dass sich der Autor derselben Schrift mit seinem Anliegen nicht an den Kaiser wendet, sondern an die Intellektuellen und das Volk, wird ferner auch deutlich, dass die Judenfeindlichkeit nicht in erster Linie eine Sache der römischen Politik, sondern des einzelnen Individuums war, dass aber – wie Josephus richtig erkannt hat – spätestens die Vielzahl dieser Stimmen ganz bestimmt die Gefahr in sich barg, politisch ausschlaggebend zu werden. Insofern lassen sich da durchaus einige beunruhigende Parallelen zur heutigen Situation ziehen. Zu hoffen bleibt dann allerdings, dass die Warner heute erfolgreicher sind, als Josephus es damals war.

Die erschreckend hohen Zahlen jüdischer Verluste vor und während des Jüdischen Krieges, von denen in den obigen

Zitaten die Rede ist, finden wir bei Flavius Josephus bestätigt. Ebenso die judenfeindliche Haltung Neros und einer großen Zahl seiner Beamten. Parallelen zwischen Josephus und Apollonius lassen sich aber nicht nur bezüglich ihrer negativen Einschätzung des julisch-claudischen Kaisers Nero ziehen, sondern auch bezüglich ihrer positiven Einschätzung der beiden darauf folgenden flavischen Kaiser, Vespasian und Titus. Bei Josephus ging diese Abneigung auf der einen und die Vorliebe auf der anderen Seite so weit, dass sie seine ganze Beschreibung des Jüdischen Krieges entscheidend prägen konnte: Bis zur Intervention durch Vespasian stellt er die Ereignisse auf römischer Seite so dar, dass die römischen Statthalter durch ganz bewusste Missachtung jüdischer Tradition, durch Skrupellosigkeit und Habgier den Krieg nicht weniger stark heraufbeschworen, als die jüdischen Rebellen es durch ihren Extremismus taten. Er wiederholt damit im zweiten Buch, was er bereits im Proömium (in der Einleitung) seines Werks angelegt hat.

Celsus (2. Hälfte des 2. Jahrhunderts nach Christus)

Über Celsus ist wenig bekannt, obwohl einige Forscher ihn mit dem Empfänger eines bedeutenden Werks Lukians («Aléxandros», um 180 nach Christus) und/oder dem mit Ephesus verbundenen Gründer der «Bibliothek des Celsus» in Verbindung bringen wollen. Um 175 nach Christus verfasste Celsus eine Polemik gegen die Christen, in die er punktuell die Juden einbezieht: die «Wahre Lehre» («Aláthäs Logos»). Darin versuchte er, das Christentum und seine jüdischen Wurzeln mit den Mitteln der neuplatonischen Philosophie zu widerlegen.

Da, wo er gegen die Juden argumentiert, richtet sich sein Vorgehen nicht gegen das Volk, sondern gegen die Religion. Dabei trennt er zwischen Juden und Christen und bringt für den jüdischen «Aberglauben» insofern eine gewisse Toleranz auf, als er ihn für eine «National- bzw. Volksreligion» hält, was er dem Christentum richtigerweise abstreitet. Es scheint, dass er weite Abschnitte seiner Polemik gegen die Christen sogar einem Juden in den Mund legt. Das Werk ist verloren, lange Abschnitte sind jedoch in der Gegenschrift des christlichen Denkers Origenes (ca. 185–254 nach Christus) erhalten, der seinerseits philosophisch gebildet war. Die Juden und das Judentum verteidigt Origenes allerdings nicht; das «Alte Testament» ist bei ihm bereits christlich vereinnahmt.

Celsus, «Wahre Lehre»; zitiert bei: Origenes, «Gegen Celsus» 1,2 (Stern Nr. 375)

Als Nächstes sagt er [= Celsus], die Lehre – die jüdische freilich, an welche die Christenheit anknüpft – sei in ihrem Ursprung barbarisch gewesen. Und aufgeschlossen, wie er ist, schmäht er nicht das Wort [= das Evangelium] wegen seines barbarischen Ursprungs. Nein, er lobt, dass die Barbaren fähig waren, Lehren zu finden. Allerdings fügt er hinzu, dass die Griechen das, was von den Barbaren gefunden wurde, besser prüfen, festigen und in Form von Tugend in die Praxis umsetzen können ...

Das kurze Zitat zeigt gleich mehrere Ebenen auf. Origenes, der das Christentum gegen Celsus verteidigt, gesteht diesem zu, wenigstens in einem Punkt Christen richtig und positiv von Juden zu unterscheiden. Barbaren, also Außenseiter, die ihre eigenen Gebräuche für wichtiger hielten als die Übernahme der römischen Leitkultur, waren sie alle. Aber die Christen seien, so deutet es wenigstens Origenes an, für Celsus eben doch einige Prozent weniger barbarisch als die Juden. Dass die Griechen ihnen insgesamt überlegen waren, war sicher nicht nur die Überzeugung des Celsus. Der christliche Philosoph Origenes will hier dem heidnischen Philosophen Celsus nicht widersprechen: In der Ablehnung des Judentums sind sie sich einig.

Der Abschnitt ist aufschlussreich: Vorher und nachher zitiert Origenes seinen immerhin lange verstorbenen Gegner nur, um ihn zu widerlegen. Hier aber will er ihn – im Prinzip jedenfalls – auf seiner Seite sehen, gegen die Juden. Soweit wir es den erhaltenen Auszügen aus seiner Streitschrift entnehmen können, macht Celsus seinerseits einen wichtigen Unterschied zwischen Juden und Christen. Denn bei aller scharfen, ablehnenden, im Einzelnen auch polemisch formulierten Kritik an Mose und den jüdischen «Legenden» gesteht er den Juden doch zu, ein Recht auf ihren Glauben zu haben – immerhin sei es ihre Stammesreligion. Von den Christen und ihrem Völkergemisch könne man das nicht behaupten.

Flavius Claudius Julianus (331–363 nach Christus)

Julian, in Konstantinopel geboren, hatte eine zuerst christliche, später philosophische Erziehung genossen und war von 361 bis zu seinem Tod im Kampf gegen die Perser 363 nach Christus römischer Kaiser. Nur 24 Jahre nach dem Tod Konstantins des Großen versuchte er, das Rad der Geschichte zurückzudrehen, das Christentum zu ächten und die alten religiösen Praktiken wieder einzuführen. In der christlichen Geschichtsschreibung erhielt er daher den Beinamen «Apostata», «der Abtrünnige». Sein früher Tod verhinderte die wirksame Durchsetzung der geplanten Maßnahmen.

Ob das Judentum von einer Zurücknahme der christlichen Privilegien nachhaltig profitiert hätte, muss offen bleiben, darf aber trotz der anti-jüdischen Ausfälle in seiner Streitschrift «Gegen die Galiläer» (die Christen) nicht ausgeschlossen werden. Wie Celsus argumentiert Julian vorwiegend religionsphilosophisch, wirft den Juden ihren Monotheismus vor, die in seinen Augen absurden Erzählungen der Bibel, die er blasphemisch nennt, und kritisiert die «asoziale», unproduktive Haltung der Juden in der Gesellschaft.

Aus anderen Quellen (Ammianus Marcellinus; einzelne Kirchenväter) wissen wir, dass Julian dennoch plante, den Tempel in Jerusalem wieder aufbauen zu lassen. Das lässt allerdings nicht auf eine projüdische Einstellung schließen; schon Tacitus berichtet, wie Titus lange zögerte, ob er den Tempel überhaupt zerstören sollte, galt er doch auch den Römern als eines der architektonischen Weltwunder. Ein Neuaufbau wäre vor allem ein Schlag gegen das Christentum geworden, hätte aber mit der Wiedereinführung eines Tempelopferkults auch dazu beigetragen, die wachsende Bedeutung des Judentums in der Diaspora und die Verbreitung der Synagogen einzuschränken. Das Werk «Gegen die Galiläer» ist nicht im Original erhalten, kann aber aus der Widerlegungsschrift des Kyrillos (Cyril) von Alexandria (ca. 380–444 nach Christus) teilweise rekonstruiert werden.

Julianius, «Gegen die Galiläer», 43 A-B; 93E-94 A; 238D (Stern Nr. 481a)

Sie [die Christen] haben keine einzige von den guten oder wichtigen Lehren anerkannt, die entweder in unserer griechischen Tradition stehen oder in der hebräischen, die sich von Mose ableitet. Im Gegenteil: Von beiden haben sie sich herausgepflückt, was diesen Völkern gleichsam wie ein Schandfleck anhaftet: die Gottlosigkeit von der jüdischen Leichtfertigkeit, die liederliche Lebensweise von unserer Laschheit und Geschmacklosigkeit. Und der Gipfel: Sie wollten, dass dies die höchste Form der Gottesverehrung genannt wird.

Außerdem muss man Gott nachsagen, er sei missgünstig. Als er nämlich sah, dass der Mensch an seiner Einsicht Anteil gewonnen hatte, vertrieb er ihn aus dem Paradies. Wie er sagt, damit der Mensch nicht vom Baum des Lebens esse. Er erklärte ausdrücklich [1. Mose 3,22]: «Siehe, Adam ist wie einer von uns geworden: Er erkennt Gutes und Böses. Dass er nun aber ja nicht seine Hand ausstrecke und auch noch vom Baum des Lebens nehme, davon esse und ewig lebe!» Wenn nun nicht jede einzelne dieser Legenden eine geheime Lehre enthält – und der Meinung bin ich –, strotzen die Worte geradezu vor Gotteslästerung. Denn nicht zu wissen, dass die als Gehilfin geschaffene Frau Ursache des Falls sein würde, und gleich-

zeitig die Erkenntnis von Gut und Böse zu verbieten, die doch das einzige zu sein scheint, was den menschlichen Verstand zusammenhält, ganz zu schweigen von der Eifersucht, dass der Mensch nicht vom Baum des Lebens nähme und so von einem sterblichen zu einem unsterblichen Wesen würde, das ist allzu neidisch und missgünstig.

Aus dieser neu erfundenen Lehre der Hebräer habt ihr die Lästerung der Götter übernommen, die bei uns verehrt werden. Im Gegenzug dazu habt ihr von unserer Religion die Verehrung eines jeden höheren Wesens sowie alles, was unseren Vätern lieb war, abgelegt und euch nur die Gewohnheit zu eigen gemacht, alle Dinge zu essen.

Julian argumentiert in erster Linie gegen die Christen. Er untermauert diese anti-christliche Polemik, indem er die jüdischen Wurzeln des Christentums zurückweist. Unser Zitat ist die deutlichste Stelle; hier klagt er die Juden an, auf Legenden zu vertrauen, die in Wirklichkeit nichts anderes seien als Gotteslästerung. Man könnte das zugespitzt so umschreiben: Das alte pagane Götterbild wurde von den Christen verraten, die sich auf die Juden stützten, von denen alles Übel ausging. Wer an den Gott der Juden glaubt, lästert gegen das wahre Götterbild.

Das ist im klassischen Sinn, auf religiöser Ebene, durchaus das, was man als «Antijudaismus» bezeichnet. Julian ist allerdings Opportunist. Da sein Hauptziel eine Attacke gegen das Christentum ist, kann er an anderen Stellen auch antichristliche Stimmen aus dem Judentum wiedergeben, wenn es ihm ins Konzept passt.

Rutilius Claudius Namatianus (frühes 5. Jahrhundert nach Christus) und Macrobius (geb. Anfangs 5. Jahrhundert nach Christus)

Als letzte antike (das heißt hier: nichtchristliche) Quellen seien hier abschließend noch Rutilius Claudius Namatianus und Macrobius genannt. Beide fallen schon eindeutig in den Bereich der Spätantike, in eine Zeit also, in der sich das Christentum bereits als Staatsreligion durchgesetzt hatte. Sie sind Beweis für das Nebeneinander von «Antisemitismus» und «Antijudaismus» im Sinne der in der Einleitung vorgeschlagenen Trennung der Begriffe.

Von dem Nichtchristen Rutilius wissen wir, dass er aus dem gallo-römischen Adel kam, lateinischer Dichter war und eine Reisebeschreibung in Versen verfasste. Davon erhalten sind zwei Bücher, wobei beim ersten Buch der Anfang teilweise unlesbar und daher auch der Werktitel «De reditu suo» («Über seine Heimkehr») kaum authentisch ist. Das zweite Buch dagegen ist fast vollständig erhalten. Eingebettet in die Beschreibung örtlicher Sehenswürdigkeiten berichtet Rutilius im ersten Buch von einer unliebsamen Überraschung. Viel unliebsamer als diese ist allerdings die Art und Weise, wie er darüber schreibt.

Wahrscheinlich bekannter als Rutilius Namatianus dürfte dem Leser der zweite Autor, Macrobius (oder mit seinem ganzen Namen: Ambrosius Macrobius Theodosius) sein, dessen Werk, aus dem unser Zitat stammt, die so genannten «Saturnalia», im Mittelalter gründlich studiert und rezipiert wurde. Es war eine in weiten Kreisen geschätzte Quelle voller antiker Gelehrsamkeit, voller Etymologie, Anekdoten und Witze. Beide Quellen sprechen für sich. Sie bilden ein «würdig unwürdiges» Ende einer langen Tradition und stehen gewissermaßen schon fast vor den Pforten des frühen Mittelalters. Möge sich der Leser sein eigenes Urteil bilden:

Rutilius Namatianus, «Über seine Heimkehr» 1,381–398 (Stern Nr. 542)

Aber er ließ uns die Ruhe des lieblichen Aufenthaltsortes teuer bezahlen, der Pächter, welcher härter war als Antiphates als Gast [Antiphates war hauptsächlich aus Homers Odyssee und Ovids Metamorphosen bekannt als Menschen fressender König der Laistrygonen]: Ein klagender Jude nämlich trug Sorge für den Ort, eine Kreatur, unvereinbar mit menschlicher Speise. Das strapazierte Gesträuch stellte er in Rechnung, die durchstampften Algen [sprichwörtlich für Wertloses], und machte ein Geschrei um den großen Verlust an vergossenem Wasser. Wir bezahlten, was wir dem unheilvollen Volk gemäß der Strafpredigt schuldig waren. Dem schamlosen Volk, das seine Vorhaut abmetzelt: die Wurzel der Dummheit, das Volk, dem der kalte Sabbat am Herzen liegt, dessen eigenes Herz aber noch kälter ist als seine Religion. Jeder siebente Tag vergeht in schändlicher Trägheit – angeblich als weichliches Bild eines erschöpften Gottes. Die übrigen Spinnereien dieser Tribüne der Lüge könnten, wie ich glaube, nicht einmal alle Kinder glauben. Oh, wenn doch Judäa nie unterworfen worden wäre durch die Kriege des Pompejus und durch den Oberbefehl des Titus! Aber so kriecht die Ansteckung dieser Pest, obwohl abgeschnitten, immer weiter, und die besiegte Nation unterdrückt ihre Sieger.

Rutilius Namatianus nahm sich eine zufällige Begegnung mit einem Juden, bei dem er offenbar auf seiner Heimreise einkehrte, zum Anlass, in wenigen Worten möglichst viele der mittlerweile zum Standardrepertoire gewordenen Schmähungen gegen die Juden zu wiederholen. Bezieht er den ersten Vorwurf, «eine Kreatur, unvereinbar mit menschlicher Speise» – womit er wahrscheinlich in erster Linie auf das jüdische Verbot, Schweinefleisch zu essen, anspielt – noch konkret auf *eine* Person, zeigt spätestens die Fortsetzung, dass sich sein Hass im Grunde genommen gegen das ganze Volk richtet.

Dem aufmerksamen Leser sind vermutlich die inhaltlichen Parallelen (vor allem bezüglich der Beschneidung und des Sabbats) zu Petron, Persius, Martial, Tacitus und Sueton nicht entgangen. Wenigstens dem zweiten Teil des Exkurses liegen aber wahrscheinlich zur Hauptsache nicht diese, sondern das schon besprochene Seneca-Zitat zugrunde. Ein direkter Vergleich dieser beiden Autoren zeigt zum einen die teilweise fast wörtliche Übereinstimmung, macht andererseits aber auch deutlich, dass der spätere Autor eindeutig aggressiver formuliert: Hatte Seneca noch davon gesprochen, dass der Sabbat «die Juden unnütz macht, weil sie durch die immer am Siebenten eingeschobenen Ruhetage fast ein Siebtel ihres Lebens durch Nichtstun verlieren», ist bei Rutilius Namatianus von «schändlicher Trägheit» die Rede. Und hatte Seneca noch verhältnismäßig kurz von dem «komplett ruchlosen Volk» gesprochen, das sich so stark gemacht hat, dass es den Siegern Gesetze vorschreiben kann («Die Besiegten haben den Siegern Gesetze gegeben»), heißt es beim zweiten schon: «Aber so kriecht die Ansteckung dieser Pest, obwohl abgeschnitten, immer weiter, und die besiegte Nation unterdrückt ihre Sieger.»

Das Stichwort «Pest» nimmt zum einen nochmals die ganze judenfeindliche ägyptische Exodus-Tradition auf, wirft aber andererseits durch die Personifizierung und gleichzeitige Identifikation mit den Juden bereits einen drohenden Schatten auf das Mittelalter, in dem die Juden exakt für die Pest verantwortlich gemacht und aufs Schlimmste verfolgt wurden.

Macrobius, Saturnalia II 4:11 (Stern Nr. 543)
Als Augustus hörte, dass unter den Kindern unter zwei Jahren, welche Herodes, der König der Juden, in Syrien töten ließ, auch dessen eigener Sohn getötet worden war, sagte er: Es ist besser, das Schwein von Herodes zu sein als sein Sohn.

Das kurze Macrobius-Zitat, das hier zum Abschluss aufgeführt ist, zeigt, dass spätestens in jener Zeit beim Leser eine recht gute Kenntnis der jüdischen Sitten vorausgesetzt werden konnte. Vor allem in den großen Städten waren die Juden, ihre Synagogen und ihre Alltagsgewohnheiten nicht zu übersehen. Die aus der Beobachtung gewonnene Kenntnis führte jedoch im Gegensatz zu anderen Völkern offenbar nicht dazu, dass die Juden nun endlich vorbehaltlos in die damalige Gesellschaft integriert, sondern vielmehr, dass sie – wenigstens von einer bestimmten Gesellschaftsschicht – definitiv als Außenseiter ausgegrenzt wurden.

Die Anekdote, die Macrobius zum Besten gibt, spielt einmal mehr auf den jüdischen Brauch an, kein Schweinefleisch zu essen, und steht damit in der Tradition eines Petron und Plutarch. Dass Herodes von Macrobius als «König der Juden» eingeführt wird, obwohl er eigentlich gar nicht Jude war, macht plausibel, dass er hier stellvertretend für das gesamte jüdische Volk steht. So gesehen bekäme das Zitat dann eine tiefere Bedeutung: Der Spott, die Juden würden die Schweine besser behandeln als ihre eigenen Söhne, könnte bedeuten, dass sie zu sehr ihren eigenen Traditionen verpflichtet sind, um zu merken, wie sie sich damit gegen anerkannte ethische Werte der Antike stellen.

3. Kapitel

Judenfeindschaft im Neuen Testament?

Es lässt sich nicht übersehen: Immer häufiger wird behauptet, bereits das Neue Testament sei «antisemitisch». Dieser Vorwurf, mit dem eine ebenso allgemeine wie sehr konkrete Judenfeindschaft, ja sogar die frühe Aufforderung zum Judenhass und zur Judenverfolgung gemeint ist, kommt keineswegs ausschließlich von Juden. Auch zahlreiche christliche Theologen haben sich diese Anklage zu eigen gemacht. Eine abgemilderte Variante des Vorwurfs lautet, nicht das ganze Neue Testament sei judenfeindlich, aber es enthalte doch einschlägige Stellen.

Die meistgenannten Abschnitte haben wir unten zusammengestellt und erläutert. Auf diese Weise wollen wir die Texte für sich selbst sprechen lassen, ohne hier die kaum noch zu überblickende internationale Forschungsliteratur zur Judenfeindschaft des Neuen Testaments darzustellen und zu kommentieren. Die Bibliographie am Ende des Buches nennt einige der wichtigeren Untersuchungen, die für ein vertiefendes Studium geeignet sind.

Bereits in der Einleitung zu diesem Band sind einige Gesichtspunkte aufgezählt. Der wohl wichtigste ergibt sich immer wieder auch aus den Textstellen selbst: Hier schreiben Juden, die mit anderen Juden über entscheidende Fragen des Glaubens und Lebens streiten. Sie tun das nicht im gepflegten Diskurs, der heute in jüdisch-christlichen Diskussionsrunden üblich geworden ist. Sie benutzen harte, scharfe, auf uns zum Teil unerträglich aggressiv wirkende Formulierungen, die sie nicht erfinden, sondern aus der gemeinsamen Quelle übernehmen, dem Alten Testament, das die Juden «Tanach» nennen.

Die unten zitierten Beispiele sprechen für sich. Dank der Wiederentdeckung der Schriftrollen von Qumran wissen wir auch, wie unmittelbar vor dem Auftreten der ersten Juden, die sich zu Jesus bekannten, um die wahre Deutung der biblischen Schriften gekämpft wurde. Wir sehen, wie vor allem die Fragen nach dem Messias, nach der wahren Lehre und dem gläubigen Verhalten am Ende der Zeiten im Zentrum einer oft erbitterten Polemik standen. Zum besseren Verständnis hier ein längeres, unmissverständliches Zitat aus der «Gemeinderegel» von Qumran, 1QS II, 5–16:

«Die Leviten sollen verfluchen alle Männer des Loses Belials (= des Fürsten der Finsternis; des Satans), [sie sollen] anheben und sprechen: Verflucht seist du in allen gottlosen Werken deiner Schuld! Möge Gott dir Schrecken geben durch die Hand aller Rächer und dir Vernichtung nachsenden durch die Hand aller, die Vergeltung heimzahlen. Verflucht seist du ohne Erbarmen entsprechend der Finsternis deiner Taten, und verdammt seist du in Finsternis ewigen Feuers. Gott sei dir nicht gnädig, wenn du ihn anrufst, und er vergebe nicht, deine Sünden zu sühnen. Er erhebe sein zorniges Angesicht zur Rache an dir, und kein Friede werde dir zuteil im Munde aller derer, die an den Vätern festhalten. Und alle, die in den Bund eintreten, sollen nach denen, die segnen, und denen, die verfluchen, sprechen: Amen, Amen. Und die Priester und Leviten sollen fortfahren und sagen: Verflucht sei der, der mit den Götzen seines Herzens übertritt, wenn er in diesen Bund eintritt und den Anstoß seiner Sünde vor sich hinstellt, um dadurch abtrünnig zu werden. Und geschieht es, wenn er die Worte dieses Bundes hört, daß er sich in seinem Herzen segnet und spricht: Friede sei mit mir, wenn ich auch in der Verstocktheit meines Herzens wandle, so werde sein Geist vernichtet, das Trockene mitsamt dem Feuchten, ohne Vergebung. Der Zorn Gottes und der Grimm seiner Gerichte mögen aufflammen gegen ihn zu ewiger Vernichtung. Es mögen ihm anhaften alle Flüche dieses Bundes, und Gott möge ihn absondern

zum Unheil, daß er ausgetilgt werde aus der Mitte der Söhne
des Lichtes, weil er abtrünnig geworden ist von Gott durch
seine Götzen und den Anstoß seiner Sünde. Er möge sein Los
in die Mitte der ewig Verfluchten setzen!» [Übersetzt von
Eduard Lohse, Die Texte aus Qumran. Hebräisch und Deutsch,
Darmstadt 1981, Seiten 6–9.]

Das ist eine Sprache, deren brachiale Gewalt im Neuen Testament keine Parallele hat. Wer vom Neuen Testament verlangt,
es müsste doch in der Nachfolge Jesu friedlich formulieren,
braucht nur einen solchen Text zu lesen, um zu begreifen:
Daran gemessen, ist die gelegentlich scharfe Wortwahl im
innerjüdischen Streitgespräch, wie wir sie zum Beispiel bei
Johannes oder Paulus finden, das freundliche Geplänkel eines
Kaffeekränzchens. Es ist ein «Familienzwist» (um ein in der
Forschungsliteratur gelegentlich benutztes Wort zu verwenden).

Im direkten Vergleich einer neutestamentlichen Stelle mit
einem Text aus Qumran sehen wir die Unterschiede vielleicht
noch deutlicher: Weiter unten zitieren und erläutern wir einen
Teil der Stephanus-Rede in der Apostelgeschichte (7,48–55)
und einen Abschnitt aus dem Hebräerbrief (10,28–36). Zu
beiden Stellen verweisen wir unter anderem auf das bei Jeremia
(6,10; zugespitzt in 4,4) benutzte Bild der an Herzen und Ohren
Unbeschnittenen. Wer das liest, sollte sich, um die Unterschiede in der Polemik zu verstehen, parallel dazu einen
Auszug aus dem «Habakuk-Pescher» (1QpHab) ansehen.

Diese Schriftrolle ist ein lückenhaft erhaltener Kommentar
zum Buch Habakuk, geschrieben nach den Interpretationsfor-
men der Qumran-Gemeinschaft. In 1QpHab XI, 2 – XII, 4 lesen
wir, ausgehend von Habakuk 2,15:

«Seine Deutung bezieht sich auf den gottlosen Priester, der
den Lehrer der Gerechtigkeit verfolgte, um ihn zu verschlingen
in dem Zorn seines Grimms am Ort seiner Verbannung. Und
zur Zeit des Festes der Ruhe, am Versöhnungstag, erschien er
bei ihnen, um sie zu verschlingen und um sie zu Fall zu

bringen am Tage des Fastens, dem Sabbat ihrer Ruhe. ‹Du hast dich gesättigt mit Schande statt mit Ehre; trinke auch du und taumle. In der Runde wird zu dir gelangen der Becher in Jahwes rechter Hand, und Schande auf deine Ehre!› (Habakuk 2,16). Seine Deutung bezieht sich auf den Priester, dessen Schande größer war als seine Ehre. Denn er beschnitt die Vorhaut seines Herzens nicht und wandelte auf den Wegen der Völlerei, damit der Durst gestillt würde. Aber der Becher des Grimms Gottes wird ihn verschlingen, zu vermehren bei ihm seine Schande. Und Schmerz (...) ‹(denn die Gewalttat am Libanon wird dich bedecken, und die Grausamkeit gegenüber dem Vieh) wird dich schrecken wegen der Bluttaten an den Menschen und der Gewalttat am Lande, an der Stadt und allen, die darin wohnen› (Habakuk 2,17). Die Deutung des Wortes bezieht sich auf den gottlosen Priester, daß man ihm vergelten wird seine Tat, die er an den Armen getan hat; denn der Libanon, das ist der Rat der Gemeinschaft, und das Vieh, das sind die Einfältigen Judas, die Täter des Gesetzes. Denn Gott wird ihn verurteilen zur Vernichtung, wie er plante, Arme zu vernichten.» [Übersetzt von Eduard Lohse, wie oben.]

Doch nicht nur ein einzelner Jude wird der Vernichtung übergeben, sondern auch eine große Zahl von Mitjuden. So lesen wir in 1QpHab V,3–6 zu Habakuk 1,12–13, dass nicht Gott sein Volk vernichten wird durch die Hand der Völker, sondern dass «in die Hand seiner Auserwählten Gott das Gericht über alle Völker legt, und durch ihre Züchtigung werden alle Frevler seines Volkes büßen, (nämlich durch diejenigen,) die seine Gebote gehalten haben, als sie in der Trübsal waren.»

Das muss genügen, um schon hier, vor der Kommentierung einzelner Abschnitte weiter unten, so viel deutlich zu machen: Judenfeindschaft konnte in jener Zeit (und manche würden sagen, heute noch) auch eine Angelegenheit unter Juden sein. Es ist nicht einmal andeutungsweise eine Verharmlosung des frühchristlichen Judenhasses seit dem 2. Jahrhundert, der von nichtjüdischen Autoren ausging, wenn wir das immer wieder so nachdrücklich betonen. Die Essener von Qumran vertreten ebenso wenig einen Antijudaismus wie die Juden, von denen die neutestamentlichen Schriften geschrieben wurden.

Die zu Verfolgung und Totschlag führende Judenfeindschaft des frühen Christentums ist eine Folge der fehlgeleiteten Interpretation dessen, was im Neuen Testament steht; eine katastrophale Verfälschung, jedoch nicht die direkte Umsetzung dessen, was dort tatsächlich gesagt wird.

Die nachfolgenden Zitate sind ausnahmslos neu aus dem Griechischen übersetzt und auf der Grundlage der Lutherbibel nach der Reihenfolge der neutestamentlichen Schriften gegliedert, denen sie entnommen sind, so dass gelegentlich chronologisch Späteres vor Früherem steht. Wir beschränken uns auf jene Stellen, die in der Diskussion über den «Antisemitismus» des Neuen Testaments regelmäßig genannt werden. Es ist keine vollständige Auflistung.

So werden natürlich nicht alle Stellen genannt, an denen beispielsweise der Jude Johannes kritisch von «den Juden» schreibt. Es genügt, an einem zentralen Abschnitt zu zeigen, dass er nun einmal nicht, wie ihm gerne unterstellt wird, *alle* Juden meint, sondern erkennbar von einer besonderen Gruppe in einer besonderen Situation spricht.

Matthäus 27,24–25

(24) Als aber Pilatus sah, dass er so nicht weiterkam, sondern das Getümmel nur noch größer wurde, nahm er Wasser und wusch sich in Gegenwart der Menge seine Hände. Dabei sprach er: «Ich bin unschuldig an dessen Blut. Schaut ihr selbst!
(25) Und das ganze Volk erwiderte: «Sein Blut über uns und über unsere Kinder.»

Kaum eine andere Stelle der Evangelien ist so eindeutig als «antisemitisch» gedeutet worden wie diese. Die Selbst-Reinwaschung des Pilatus hat Ärger erregt, doch das ist nicht der eigentliche Stein des Anstoßes. Auch das Matthäus-Evangelium lässt nämlich keinen Zweifel daran, dass allein der römische

Präfekt Pilatus, trotz eines solchen symbolischen «Tricks», die juristische und politische Verantwortung für die Hinrichtung Jesu trägt. Es geht vielmehr um die Selbst-Verfluchung der Juden, die auf viele Leser unerträglich wirkt.

Sollte Matthäus hier tatsächlich dem ganzen jüdischen Volk zuschreiben, es habe das eigene Blut, also Verfolgung und Tod, für sich und alle Nachkommen in Kauf genommen, um die Ermordung von Jesus zu bewirken? Falls ja, dann hätten in der Tat all jene späteren Judenverfolger und Judenmörder Recht, die sich auf dieses Evangelium beriefen.

Wir müssen genauer hinsehen. Was ist der Zusammenhang, wann und wo spielt sich diese Szene ab? Zuerst die Räumlichkeiten: Matthäus schrieb nicht für Leser, die sein Evangelium erst nach der Zerstörung Jerusalems zur Hand nahmen und sich kein Bild von den Gegebenheiten im Jahr 30 nach Christus machen konnten. Erst spätere Leser konnten das, was Matthäus noch wusste, nicht mehr richtig einordnen. Denn die königlichen Paläste der Stadt lagen in Schutt und Asche; den Palast, in dem Pilatus für die Zeit des Passa-Festes sein Prätorium eingerichtet hatte, gab es nicht mehr.

Heutige Leser stellen sich, mitunter angeregt durch Verfilmungen der Jesus-Geschichte, eine Massenansammlung vor, bei der sich Tausende von Juden gegen Jesus aussprachen und den Fluch ausriefen. Das ist unmöglich, obwohl auch eine solche Massenszene ausschließt, dass «alle» Juden gemeint sein können. Hier ist die Rede von allen *anwesenden* Juden, und das waren selbst bei extremster Ausdehnung der Räumlichkeiten noch nicht einmal alle Bewohner Jerusalems, geschweige denn die gesamte Judenheit.

Matthäus betont allerdings (wie auch die anderen Evangelisten, die von der Verurteilung berichten), dass die Versammlung im Prätorium des Pilatus, seinem Richtplatz, stattfand. Archäologen benennen dafür drei denkbare Orte in Jerusalem. An keiner dieser drei Stätten hätten mehr als sechzig Personen dicht gedrängt Platz gehabt. «Alle Juden», das heißt: alle Juden, die Platz hatten und dem Pilatus überhaupt irgendetwas zurufen konnten. Das waren nicht die Volksmassen, sondern eine kleine Gruppe vermutlich handverlesener Jesus-Gegner.

Schon aufgrund dieser Rekonstruktion ist es nicht möglich, Matthäus zu unterstellen, er hätte alle Juden weltweit und für alle Zeiten als – um den späteren Begriff zu nennen – «Gottes-mörder» zur Tötung freigeben wollen.

Und die Aussage selbst? Sieht man auch hier genau hin, stellt sich schnell heraus: Es wird von den anwesenden Juden gar keine ewige Selbst-Verfluchung ausgesprochen. Das Matthäus-evangelium ist Griechisch geschrieben. In diesem griechischen Text bezieht sich der Satz auf die gegenwärtige Situation. Es fehlt ein Verb, dem die Hörer oder Leser eine in die Zukunft gerichtete Aufforderung entnehmen könnten. Die im Deut-schen übliche Hinzufügung, sein (Jesu) Blut *«komme»* über die anwesenden Juden und ihre Nachfahren, ist also Interpre-tation, nicht Übersetzung. Schon Luther hatte den Satz so übertragen. Das heißt: Er und die meisten Übersetzer nach ihm fügen bis heute *ihre* Deutung der Stelle in den Satz ein, obwohl sie dort nicht steht.

Auch die römisch-katholische Tradition kann sich nicht auf diese Quelle berufen: In der «Vulgata», der lateinischen Fas-sung des 5. Jahrhunderts, die bis ins 20. Jahrhundert hinein weitgehend als verbindlich galt, steht ebenfalls nichts von einem zukünftigen «Kommen». Für Lateiner sei es zitiert: «Sanguis eius super nos, et super filios nostros.» Das entspricht dem griechischen Text. «Sein Blut über uns, und über unsere Söhne» – was ist damit gemeint?

Jene, die damals dabeistanden und es weitergaben, wussten noch: Das ist zuerst einmal eine Formulierung aus dem Alten Testament, die unter Juden – wozu der Verfasser des Evan-geliums gehört – wohl vertraut war. Wir finden sie zuerst in 2. Samuel 1,14–16. Hier spricht David über dem Leichnam eines Amalekiters, der die Tötung König Sauls gestanden hatte und seinerseits von einem Soldaten Davids getötet wurde: «Dein Blut auf deinen Kopf. Denn dein Mund hat gegen dich ausgesagt, als du sagtest: ‹Ich habe den Gesalbten des Herrn getötet.›» Hier wird von einem gerade erst vergangenen, nicht etwa künftigen Ereignis berichtet.

Ganz direkt, bezogen auf die unmittelbare Verantwortung für das eigene Tun, finden wir die Redewendung auch in Levitikus/3. Mose 20,9, Josua 2,19 und Hesekiel 33,4–6. Hier, stellvertretend, 3. Mose 20,9: «Wenn jemand seinen Vater oder seine Mutter verflucht, so wird er mit dem Tod bestraft. Er hat seinen Vater und seine Mutter verflucht, ihr Blut ist auf ihm.»

Im übertragenen Sinn, also ohne die Aussage auf das eigene Blut und den eigenen Tod zu beziehen, steht es bereits in Deuteronomium/5. Mose 19,10, und in einem übertragenen Sinn benutzt auch Paulus das alte Wort: «Als sie [die Juden in der Synagoge von Korinth] aber widerstrebten und Lästerungen aussprachen, schüttelte er [Paulus] seine Kleider aus und sagte zu ihnen: ‹Euer Blut auf euer Haupt! Ohne Schuld gehe ich von jetzt an zu den Heiden›» (Apostelgeschichte 18,6). Hier ist weder von einer nachfolgenden Tötung noch von einer ewigen Verfluchung die Rede.

Mit anderen Worten: Matthäus erfindet hier nichts. Die Juden vor Pilatus beziehen sich in der Tat auf einen uralten jüdischen Satz. Er besagt nicht mehr und nicht weniger als die Bereitschaft, die Verantwortung für das zu übernehmen, was man wünscht oder tut. Und das heißt hier also: für die Erklärung, den Tod Jesu (mit-)verantwortlich zu wünschen. Dass dies den historischen Gegebenheiten entspricht, kann kaum bestritten werden.

Ohne Veranlassung durch eine wie auch immer zahlenmäßig begrenzte Gruppe jüdischer Leiter, ihrer Wortführer und Anhänger hätte Pilatus kein Verfahren gegen Jesus angestrengt. Viel wichtiger ist jedoch die Feststellung, dass dieser Vers bei Matthäus nichts hergibt für einen ewigen Fluch über die Juden, der zu ihrer blutigen Verfolgung und Tötung berechtigt und von ihnen selbst ausgegangen ist. Wer das in den Text hineinliest, manipuliert ihn.

Das gilt natürlich auch, wenn wir den letzten Teil des Satzes ernst nehmen, die Hinzufügung *«und auf unsere Kinder»*. Auch wenn wir das zeitlich unbegrenzt auf die künftigen Generationen des Judentums deuten, steht darin ebenso wenig eine Anstiftung oder Berechtigung zu Mord und Totschlag. Die zukünftigen Folgen der Ablehnung Jesu, die in seiner nicht von den Juden, sondern von «den» Römern durchgeführten Hinrichtung gipfelte, werden im Neuen Testament deutlich genug erläutert.

Da ist zum Beispiel die große Pfingstrede des Petrus (Apostelgeschichte 2,14–36). Und Paulus behandelt das vor allem im Römerbrief (dazu mehr unten, zum Zitat Römer 11,7–12). An keiner dieser Stellen ist trotz aller innerjüdischen Kritik an der Weigerung, Jesus als Messias anzunehmen, ein ewiger Fluch oder eine Aufforderung zu tödlichem Hass und Totschlag zu entdecken. Was die im Prätorium des Pilatus versammelten wenigen Juden über sich selbst sagen, das ist vor dem Hintergrund des Alten Testaments mühelos zu verstehen.

Die geschichtliche Glaubwürdigkeit des Satzes muss daher auch keineswegs von christlichen Auslegern bezweifelt oder bestritten werden, die mit heutigen Juden ins Gespräch kommen wollen. Wir haben uns mit allen Mitteln gegen die Manipulation des Aufrufs in der späteren christlichen und nichtchristlichen Geschichte zu wehren, nicht gegen den Satz selbst.

Lukas 13,34–35

(34) Jerusalem, Jerusalem, das da tötet die Propheten und die steinigt, die zu ihr gesandt sind, wie oft habe ich deine Kinder versammeln wollen wie eine Henne ihre Küken unter den Flügeln, und ihr habt nicht gewollt.
(35) Siehe! Euer Haus werdet ihr verlieren.

Dieser Aufruf Jesu hat immer wieder den Vorwurf des «Antijudaismus» auf sich gezogen. Manche Interpreten haben das Problem dadurch lösen wollen, dass sie behaupten, Jesus selbst habe das in seiner Klagerede über Jerusalem gar nicht gesagt, es sei ihm Jahrzehnte später in den Mund gelegt worden. Obwohl dieser Ausweg nach wissenschaftlichen Maßstäben unmöglich ist, würde das in der Sache selbst nicht viel nützen: Dann wäre eben der Evangelist des «Antijudaismus» schuldig zu sprechen.

Wieder müssen wir genau hinsehen. Wovon ist die Rede? Der besonders anstößige Vers 35 kann so verstanden werden: Nicht die Juden müssen Jerusalem und den Tempel aufgeben und anderen – den Zerstörern – überlassen. Vielmehr wird Gott selbst die Stadt mit ihrem Tempel verlassen. In diesem Sinn übersetzt die so genannte Einheitsübersetzung und hilft dem Verständnis mit einem eingefügten Klammerteil nach: «Darum wird euer Haus (von Gott) verlassen.» Dabei wird an Jeremia 12,7 gedacht: «Ich verlasse mein Haus, ich verstoße mein Erbteil, den Liebling meiner Seele gebe ich in die Hand meiner Feinde.»

Andere Deutungen sehen in diesem Jesus-Wort eher eine Prophezeiung, die ebenfalls von Jeremia stammt (Jeremia 22,5): «Wenn ihr aber nicht auf diese Worte hört, soll dieses Haus – ich habe es bei mir geschworen, spricht der Herr – zur Trümmerstätte werden.» Beide Auffassungen stimmen letztlich darin überein, dass ein von Gott verlassenes «Haus» früher oder später den Feinden übergeben und daher von seinen Bewohnern verlassen wird.

Auch Matthäus berichtet von der Klagerede, die Jesus über Jerusalem hält, und bei ihm steht in 23,38 ein zusätzliches Wort: Der Zustand nach dem Verlassen wird hier griechisch als *érêmos* («wüst») bezeichnet. Das erinnert noch deutlicher an Jeremia 22,5. Man kann bei der Auslegung dieser Stelle unterschiedliche Akzente setzen. Doch das ändert nichts an der entscheidenden Feststellung:

Jesus spricht hier weder im ersten Teil der Klage gegen Jerusalem noch in dieser zweiten Aussage «gegen die Juden». Und weder Lukas noch Matthäus interpretieren ihn so. Seine Anklage steht in ältester innerjüdischer Tradition, aktualisiert sie, spitzt sie zu. Um den Hintergrund dieses nicht hasserfüllten, sondern von Trauer geprägten Denkens zu verstehen, sollte man die fünf Kapitel der «Klagelieder Jeremias» lesen.

Johannes 8,42–47

(42) Jesus sprach zu ihnen: «Wäre Gott euer Vater, würdet ihr mich lieben, denn ich bin von Gott ausgegangen und gekommen. Ich bin ja nicht aus eigenem Antrieb gekommen, nein, jener hat mich geschickt!
(43) Warum versteht ihr meine Redeweise nicht? Weil ihr meine Lehre nicht hören könnt:
(44) Euer Vater ist der Teufel, und ihr wollt die Lüste eures Vaters tun. Jener ist ein Menschentöter – seit jeher! Er steht nicht in der Wahrheit, weil keine Wahrheit in ihm ist. Wenn er lügt, bringt er sein Innerstes zum Ausdruck, denn er ist ein Lügner schlechthin und der Vater der Lüge.
(45) Weil ich aber die Wahrheit sage, glaubt ihr mir nicht.
(46) Wer von euch kann mich einer Sünde überführen? Wenn ich die Wahrheit sage, warum glaubt ihr mir dann nicht?
(47) Wer von Gott ist, hört die Botschaft Gottes. Deshalb hört ihr sie nicht: Ihr seid nicht von Gott!

Für die «Verteufelung» der Juden hat diese Stelle immer wieder herhalten müssen. Bei flüchtigem Hinsehen scheint es eindeutig zu sein: Im Johannesevangelium erklärt Jesus allem Anschein nach die Mitjuden zu Kindern des Teufels und zu Mörderkindern, zu Lügnern, die nicht mehr Gott angehören. Wieder gilt allerdings, dass hier nicht von *allen* Juden die Rede ist, sondern ausschließlich von jenen, die in der konkreten Situation in Jerusalem mit Jesus debattieren.

Auch Johannes selbst lässt an keiner Stelle erkennen, dass er diese Stelle auf das gesamte Judentum anwenden möchte. Für den Vorwurf des «Antijudaismus» oder für die Aufforderung zum Judenhass gibt diese Stelle also nichts her. In dieser ganz konkreten Situation richtet sich Jesus gegen jene Mitjuden, die erklärtermaßen seinen Tod wünschten (8,40). Diese Absicht hält er für teuflisch. Als derjenige, der sich soeben noch als das Licht der Welt bezeichnet hatte (8,12) und mit seiner Lehre viele Anhänger unter den Juden (!) gefunden hatte (8,30), wendet er sich hier an seine Gegner. Es ist ein Dialog, der auf beiden Seiten scharf geführt wird.

Jesus erklärt, dass jene, die ihn töten wollen, in der Nachfolge Satans stehen, der den Tod in die Welt gebracht hatte. Ganz ähnlich steht das in einem apokryphen Buch des Alten Testaments, der «Weisheit Salomos» (2,24): «Nur durch den Neid Satans kam der Tod in die Welt, und das erfahren alle, die ihm angehören, zu ihrem Schaden.» Satan ist nicht nur der Vater des Todes, sondern auch der Vater der Lüge (Genesis/1. Mose 3,4). Gott dagegen lügt nie (Numeri/4. Mose 23,19; Hebräer 6,18).

Wir brauchen nicht alle sprachlichen und theologischen Feinheiten zu erörtern, um festzustellen: Jesus spricht hier, in alter jüdischer Tradition, von zwei unversöhnlichen Gegensätzen. Auch jene Mitjuden, die ihm nicht zustimmen konnten, erkannten dies und beharrten ihrerseits auf einer dämonischen Beeinflussung Jesu. Und darauf wollten sie mit seiner Steinigung reagieren (8,52;59). Keine der beiden Seiten hat sich hier etwas geschenkt.

Wie wir aus den Schriftrollen von Qumran wissen, gehörte dieser Tonfall in dieser Zeit zur innerjüdischen «Streitkultur». Davon allerdings, dass Johannes mit seinem Evangelium die Juden insgesamt zu Teufelskindern und Lügnern machen wollte, kann nicht die Rede sein.

Apostelgeschichte 7,48–55

(48) «Aber der Höchste wohnt nicht in Häusern, von Händen erbaut. Wie der Prophet sagt:

(49) ‹Der Himmel ist mein Thron, die Erde mein Fußschemel. Was für ein Haus wollt ihr mir bauen?› spricht der Herr, ‹oder was für einen Ruheort?

(50) Hat nicht meine Hand das alles geschaffen?›

(51) Ihr Halsstarrigen und Unbeschnittenen an Herzen und Ohren! Immer widerstrebt ihr dem Heiligen Geist – wie damals eure Väter, so ihr jetzt:

(52) Welchen Propheten haben eure Väter nicht verfolgt? Sie töteten sogar die, die das Kommen des Gerechten vorher angekündigt hatten. Und jetzt seid ihr selbst seine Verräter und Mörder geworden,

(53) ihr, die ihr das Gesetz durch Anordnungen der Engel empfangen und nicht gehalten habt.»
(54) Und während sie das hörten, ergrimmten sie innerlich und knirschten mit den Zähnen über ihn.
(55) Er aber, voll Heiligen Geistes, blickte gespannt zum Himmel hin und sah die Herrlichkeit Gottes und Jesus, stehend zur Rechten Gottes.

Dieser Text gehört zu der langen Rede des Stephanus. Er war ein griechischsprachiger Jude, der sich jenen Jerusalemer Juden angeschlossen hatte, die an den Messias Jesus glaubten. Hier spricht er zu seiner Verteidigung gegen die Anklage der Gotteslästerung vor dem Synhedrion (Sanhedrin, Hoher Rat). Wieder ist eindeutig, dass nicht das gesamte Judentum der Adressat der Aussagen ist, sondern ganz konkret jene kleine Gruppe Verantwortlicher, die ihn töten wollen.

Die Vorwürfe, die er gegen diese Ankläger erhebt, bedienen sich eines allgemein bekannten jüdischen Vokabulars. Sogar das Wort von den «unbeschnittenen Herzen und Ohren» ist keine neue Form des Antijudaismus, sondern ein Zitat aus der Thora und den Propheten (Levitikus/3. Mose 26,42; Jeremia 6,10). Ebenso verhält es sich mit dem Widerstand gegen den Heiligen Geist (Jesaja 63,10). Gerade diese Stelle ist wichtig, denn sie entkräftet sozusagen ganz nebenbei den Irrtum, der Heilige Geist sei erst von Christen eingeführt worden: «Sie aber [Angehörige des Hauses Israel], sie lehnten sich gegen ihn [Gott] auf und betrübten seinen Heiligen Geist. Da wandte er sich gegen sie und wurde ihnen zum Feind: Er selbst kämpfte gegen sie.»

Auch der Vorwurf des Prophetenmordes ist keine Erfindung des Juden Stephanus oder des frühen Christentums: 1. Könige 19,10; Nehemia 9,26. Wenn Stephanus seine Ankläger als «Mörder» Jesu bezeichnet, stellt er Jesus nicht zuletzt auch in eine Reihe mit den getöteten Propheten. Der Hohe Rat und Stephanus sind auf Leben und Tod in eine innerjüdische Polemik vertieft. Eine Rechtfertigung der Feindschaft gegen Juden oder eine Aufforderung zum Judenhass enthält dieser Abschnitt nicht.

Apostelgeschichte 18,5–6

(5) Als aber Silas und Timotheus von Makedonien herunter-kamen, ging Paulus völlig im Predigen auf und bezeugte den Juden, dass Jesus der Gesalbte ist!

(6) Sie aber stellten sich entgegen und lästerten. Da schüttelte Paulus seine Kleider aus und sprach zu ihnen: «Euer Blut auf euer Haupt: Ohne Schuld gehe ich von jetzt an zu den Heiden.»

Zu dieser Stelle vergleiche man oben die Ausführungen zu Matthäus 27,24–25.

Römer 11,7–12

(7) Wie denn nun? Was Israel sucht, das erlangte es nicht; aber die Auserwählten erlangten es. Die Übrigen wurden verstockt.

(8) Wie geschrieben steht: «Gott hat ihnen einen Geist der Betäubung gegeben, Augen, dass sie nicht sehen, und Ohren, dass sie nicht hören, bis auf den heutigen Tag.»

(9) Und David spricht: «Ihr Tisch werde ihnen zur Schlinge und zum Netz, zur Falle und zur Vergeltung für sie!

(10) Ihre Augen sollen finster werden, dass sie nicht sehen! Beuge ihren Rücken allezeit!»

(11) Ich frage also: Sind sie etwa gestrauchelt, um zu Fall zu kommen? Auf keinen Fall! Sondern durch ihr Vergehen wurde den Heiden Rettung zuteil, damit sie die Juden zur Eifersucht reizen/neidisch machen.

(12) Wenn aber ihr Vergehen schon Reichtum für die Welt ist und ihre Niederlage Reichtum für die Heiden, wie viel mehr dann ihre Vollzahl!

Das Thema ist auch hier nicht die Aufhetzung gegen die Juden. Es geht um die aktuelle Anwendung und Interpretation von allseits bekannten Stellen der Bibel. Paulus zitiert Deuteronomium/5. Mose 29,3, Jesaja 29,10 und Psalm 68,23. Anders gesagt: Paulus hält seinen Mitjuden, die nicht bereit sind, sich Jesus anzuschließen, eine Art der Anklage vor, wie sie von Juden gegen Juden in der Geschichte mehr als einmal vor-

gebracht wurde. Entscheidend ist jedoch, dass von einer Ver-
stoßung des Judentums gerade nicht die Rede ist.

Man kann das nur dann – und auch dann nur mit Gewalt – so
verstehen, wenn man den Abschnitt nicht weiterliest bis
11,25–27. Der Kernsatz ist Vers 26: «So wird ganz Israel gerettet
werden.» Dies also ist die Verheißung, die Paulus kennt und in
seinem Brief weitergibt. Dass zuvor etwas geschehen muss,
verschweigt er natürlich nicht. Wer ihm die These von einer
ewigen Verdammung der Juden und ihrer Freigabe zum allgemeinen Hass vorwirft, verfälscht ihn.

Galater 4,21–31

*(21) Sagt mir, ihr, die ihr unter dem Gesetz sein wollt: Hört ihr
das Gesetz nicht?*

*(22) Denn es steht geschrieben: Abraham hatte zwei Söhne,
einen von der Sklavin und einen von der Freien.*

*(23) Doch der von der Sklavin wurde nach dem Fleisch
geboren, der von der Freien dagegen durch die Verheißung.*

*(24) Das ist im übertragenen Sinn geredet: Es handelt sich
nämlich bei diesen beiden Frauen um zwei Verfügungen: Eine
hat auf dem Berg Sinai zur Sklaverei geboren – das ist Hagar.*

*(25) Hagar bedeutet den Berg Sinai in Arabien. Sie ist gleich-
zusetzen dem jetzigen Jerusalem, das mit seinen Kindern
Sklave ist.*

(26) Aber das obere Jerusalem ist frei – das ist unsere Mutter.

*(27) Denn es steht geschrieben: «Freue dich, Unfruchtbare,
die du nicht gebierst, brich in Jubel aus und rufe laut, die du
nicht Geburtswehen hast: Denn die Einsame hat mehr Kinder
als die mit einem Mann.»*

*(28) Ihr aber, liebe Brüder, seid wie Isaak Kinder der Ver-
heißung.*

*(29) Aber gerade wie damals – der nach dem Fleisch Geborene
verfolgte den, der nach dem Geist geboren war –, so geht es
auch jetzt zu und her.*

*(30) Doch was sagt die Schrift? «Verbanne die Sklavin und
ihren Sohn: Denn der Sohn der Sklavin soll nicht erben mit
dem Sohn der Freien!»*

(31) Deshalb, liebe Brüder, sind wir nicht Kinder der Sklavin, sondern der Freien.

Dieser Abschnitt wird von denen als «antijüdisch» gedeutet, die dem Juden Paulus übel nehmen, dass er eine im Judentum weithin übliche Auslegungsmethode, die nach dem übertragenden Sinn fragende allegorische Interpretation, auf die Sara/Hagar-Geschichte anwendet. Immerhin sagt Paulus selbst, dass er hier nach dem tieferen Sinn forscht (Galater 4,24). An wenigen anderen Stellen argumentiert Paulus so sehr in der Auslegungstradition eines Rabbi Hillel (und anderer jüdischer Lehrer, die nach einem mehrfachen Schriftsinn suchten) wie gerade hier.

Vor Paulus hatte beispielsweise Philo von Alexandria gerade diese Geschichte allegorisch ausgelegt. Dieser jüdische Theologe und Philosoph deutete Abraham als die tugendhafte Seele, die auf der Suche nach dem wahren Gott ist; Sara steht für Tugend, Isaak für die höhere Form der Weisheit, während Hagar die niedere Form der Schulweisheiten bedeutet und ihr Sohn Ismael für die Sophisterei steht, die (nach Genesis/1. Mose 21,20) ihre Argumente wie ein Bogenschütze verschießt («De Fuga et Inventione» 128,204–213; «De Mutatione Nominum» 252–260, u. a.m).

Philo, der philosophisch geschulte Denker, verwendet die Sara/Hagar-Geschichte, um ein philosophisches Modell zu vermitteln: die personifizierte Erlangung der höchsten Wahrheit. Paulus, der theologisch geschulte Denker, ringt um ein Mittel, seinen Lesern die Erkenntnis der Gnade zu vermitteln, die frei von Gott kommt. Auch er kann das, wie Philo, mit den Personen dieser Erzählung tun. Schon Galater 3,6–7 ist hier die Schlüsselstelle: *«So war es bei Abraham: ‹Er hat Gott geglaubt, und es ist ihm als Gerechtigkeit angerechnet worden› [Genesis/1. Mose 15,6]. Erkennt also, dass diese, die aus dem Glauben sind, Abrahams Söhne sind.»*

Es ist nicht leicht zu verstehen, warum eine so eingeleitete Deutung des Paulus als eine gegen die Juden gerichtete Aussage verstanden werden soll. Wenn Paulus zum Schluss (4,31) die Nachfolge Saras, «der freien», für die christliche Gemeinde in Anspruch nimmt, hat er selbstverständlich nicht das gesamte Judentum zur Sklavenschaft in der Nachfolge der «unfreien» Hagar verurteilt. Wer das auch heute noch in diesen Abschnitt hineininterpretiert, um Paulus zum Judenfeind zu machen, ignoriert unser heutiges Wissen über die Geschichte und Praxis jüdischer Textauslegung.

1. Thessalonicher 2,14–16

(14) Denn ihr seid Nachahmer geworden, liebe Brüder, Nachahmer der Gemeinden Gottes in Judäa in Christus Jesus: Ihr habt dasselbe erduldet – ihr von euren eigenen Stammesgenossen wie auch sie von den Juden.

(15) Diese haben sogar den Herrn Jesus getötet und die Propheten. Auch uns haben sie heftig verfolgt. Sie gefallen Gott nicht und sind allen Menschen feindlich.

(16) Sie hindern uns, mit den Heiden zu reden, dass diese gerettet würden. Das alles, um das Maß ihrer Sünde stets voll zu machen. Aber der Zorn hat sie aufs Äußerste erreicht.

Viele Forscher halten den 1. Thessalonicherbrief des Paulus für seinen ältesten Brief und datieren ihn auf spätestens 50 nach Christus. Einige gehen so weit, ihn (allerdings wohl zu Unrecht) sogar für das älteste Dokument des gesamten Neuen Testaments zu halten. Die darin vertretenen Auffassungen werden daher häufig als sehr frühe Form der urchristlichen Judenfeindschaft verstanden. Und anders als in den oben zitierten Aussagen kann hier tatsächlich der Eindruck entstehen, dass Paulus seinen Vorwurf gegen die gesamte Judenheit richtet, auf die bereits der ganze Zorn Gottes gekommen sei: Sie hätten den Herrn Jesus getötet, missfielen Gott und seien die Feinde aller Menschen.

Eine solche Deutung scheitert allerdings bereits am geschichtlichen Zusammenhang. Die christliche Gemeinde in Thessalonich wuchs aus Mitgliedern der dortigen Synagoge, in der Paulus wiederholt gesprochen hatte (Apostelgeschichte 17,2–3; Philemon 24 und Kolosser 4,10 mit Apostelgeschichte

19,29; 20,4; 27,2). Auch er selbst und viele seiner Begleiter, namentlich die beiden Mitautoren des 1. Thessalonicherbriefs, Silas und Timotheus, waren Juden, und Juden waren unter den Adressaten des Briefs. Schon diese Feststellung macht es nach den Regeln der Logik unmöglich, die von Paulus formulierten Angriffe zu verallgemeinern.

Inhaltlich ist der Text teilweise mit der Rede des Stephanus verwandt: Jesus wurde wie andere Propheten von Juden (nicht von «den» Juden) getötet. Damit ist selbstverständlich weder hier noch dort oder an anderen Stellen gemeint, dass sie ihn persönlich umbrachten (wie sie das nach dem Bericht des Flavius Josephus 32 Jahre später mit seinem Bruder Jakobus taten; siehe «Jüdische Altertümer» 20,200–203), sondern dass sie für seine Tötung mitverantwortlich gemacht werden.

Die Schärfe des Vorwurfs wird von Paulus dadurch betont, dass er Jesus zwar neben die getöteten Propheten stellt, ihn aber zugleich als «Herrn» *(«kyrios»)* bezeichnet. Damit spricht er die grundlegende christliche Lehre an, dass Jesus mehr war als nur Prophet und bloßer Mensch. Da nun auf dieser Lehre die gesamte Verkündigung nicht nur des Paulus beruht, hat er keine Wahl: Er deutet die Ablehnung der Verkündigung und die Verfolgung jener, die so predigen, als versuchte Verhinderung des Willens Gottes für die gesamte Menschheit. Mitjuden, die sich gegen die als Gottes Willen verstandene Lehre wenden, sind Gegner aller (anderen) Menschen und stehen unter Gottes zornigem Missfallen: das ist im innerjüdischen Streit über den wahren Messias und wahre Gottesfürchtigkeit kein neuer Vorwurf.

Wir sahen oben alttestamentliche Beispiele dafür und finden andere in den Schriftrollen vom Toten Meer. In der Tat geht die Drastik solcher Sprache bis auf Mose selbst zurück: «Der Fels [Gott]: Vollkommen ist sein Tun, denn alle seine Wege sind recht. Ein Gott der Treue, gerecht und unbeirrbar. Gegen ihn versündigte sich ein falsches und verdrehtes Geschlecht – Verkrüppelte, die nicht mehr seine Söhne sind ... Den Felsen, der dich zeugte, hast du getäuscht und hast den Gott vergessen, der dich geboren hat. Und der

Herr sah es und verwarf sie wegen der Kränkung durch seine Söhne und Töchter. Er sprach: ‹Ich will mein Angesicht vor ihnen verbergen und will sehen, was ihr Ende ist, denn sie sind eine Generation voller Verkehrtheit, sie sind Kinder, in denen die Untreue sitzt›» (Deuteronomium/5. Mose 32,4–5; 18–20, und weiter bis 27).

Auf ein «technisches» Detail müssen wir noch hinweisen: Der Vers 1. Thessalonicher 2,16 enthält eine griechische Zeitform, die man als «Aorist» bezeichnet. Er kennzeichnet die soeben abgeschlossene Handlung. In einigen Fällen gibt es diesen Aorist auch mit einer in die Zukunft weisenden Bedeutung (das heißt zur Bezeichnung des Anfangs einer neuen Handlung), doch muss das aus dem Zusammenhang des Satzes hervorgehen. Hier haben wir den Aorist «*éphthasen*» richtig als eine gerade in der Vergangenheit abgeschlossene Handlung wiedergegeben: Der Zorn Gottes «*hat sie erreicht*». So verstehen das unter anderem auch die Lutherbibel und die Einheitsübersetzung.

Im «Testament des Levi», einem teils griechisch, teils aramäisch überlieferten Text aus der Mitte des 2. vorchristlichen Jahrhunderts, der zum «Testament der Zwölf Patriarchen» gehört, lesen wir in 6,11: «Der Zorn aber des Herrn kam auf sie bis aufs Äußerste» – im griechischen Text fast wörtlich so wie in unserer Stelle 1. Thessalonicher 2,16. Auch hier richtet sich das gegen Mitjuden – gegen solche, die den eigenen Weg nicht mitgingen und später aus dem mehrheitlichen, orthodox gläubigen Judentum ausgeschieden wurden: die Samaritaner von Sichem.

Interpreten, die Paulus aufgrund seiner Aussage die Anstachelung zu ewigem Judenhass vorwerfen wollen, machen daraus eine zukunftsgerichtete, bis in die Ewigkeit gültige Formulierung: Gottes Zorn werde auf ewig über die Juden kommen. Diese Deutung muss zurückgewiesen werden. Es ist, wie wir gesehen haben, nicht zulässig, dem Juden und Pharisäer Paulus – der bis an das Ende seines Lebens stolz darauf war, Pharisäer zu sein, und auch darin keinen Widerspruch zu seinem Glauben an Jesus sah – Antijudaismus oder Judenhass vorzuwerfen.

Paulus wendet sich gegen eine erkennbare Gruppe: im engeren Sinne gegen jene Juden, die in Judäa gegen Jesus und seine Nachfolger vorgingen und zu denen er selbst gehört hatte, und gegen die Juden unter den Verfolgern der Gemeinde von Thessalonich. Will man unbedingt eine weitergehende Gültigkeit in seiner Aussage sehen und dabei an Römer 11,25–27 denken, dann wäre auch das stark eingeschränkt. Es könnte nur für jene gelten, die sich selbst in die Tradition der Verfolger und Verhinderer stellen.

Titus 1,10–11

(10) Denn es gibt viele Aufsässige, Schwätzer und Verführer – meistens aus dem Lager der Beschnittenen,
(11) die man zum Schweigen veranlassen muss. Diese bringen ganze Familien zu Fall, indem sie lehren, was man nicht darf. Und das um schändlichen Gewinns willen.

Die Mehrzahl der heutigen Neutestamentler hält den Titusbrief für ein sehr spätes Schreiben (meist wird eine Zeit später als 80 nach Christus genannt), das nicht vom Apostel Paulus stamme. Selbst wenn diese umstrittene Bewertung, die wir nicht teilen, zutreffen sollte, wäre sie für die Aufnahme des Briefs ohne Belang. Denn seit seiner Veröffentlichung, über das gesamte Mittelalter bis in die Neuzeit, wurde das Schreiben als Brief des Paulus gelesen und verstanden.

Vor allem dieser Zuordnung verdankt es seine Wirkung. Die Übersetzung von Vers 11 ist bei Luther besonders drastisch: «denen man das Maul stopfen muss». Wovon ist die Rede? Einige Menschen auf Kreta – wieder einmal nicht alle (und dann noch nicht einmal ausschließlich Juden) verwirren die noch junge christliche Gemeinde durch unrichtige Lehren. In Vers 14 wird das mit der Formulierung der «jüdischen Mythen» aufgegriffen, auf die die Gemeinde nicht achten soll.

Die Härte der Passage geht nicht zuletzt auf die Übersetzung des griechischen Wortes *«epistomízein»* zurück. Versteht man es so wie die meisten Übersetzungen, dann drückt es die Aufforderung zu aggressivem Vorgehen gegen diese Leute aus. Denn ob man ihnen nun den Mund oder das Maul stopft oder sie, wie die Einheitsübersetzung es immerhin schon genauer anbietet, «zum Schweigen bringt», hier könnte man durchaus an körperlich spürbare Maßnahmen denken, gegebenenfalls sogar an die Anstiftung zum Totschlag. Sagen wir es direkt: Übersetzungen seit Luther und Ausleger, die sich darauf stützten, haben hier Schuld auf sich geladen.

Noch nicht einmal die lateinische Fassung der Bibel, die «Vulgata», kann für die anti-jüdische Wirkungsgeschichte bzw. als Beeinflussung späterer Übersetzer verantwortlich gemacht werden: *«quos oportet redargui»* steht dort, «die man widerlegen/Lügen strafen muss». Da wird also keineswegs körperlich argumentiert. Wie konnte das griechische Wort in neusprachlichen Übersetzungen derart aufhetzend missinterpretiert werden?

Im griechischen Sprachgebrauch kann das Verb für das Anlegen eines Zügels benutzt werden und wäre beispielsweise so zu übersetzen, dass man die Irrlehrer zu zügeln habe. Andere griechische Belege benutzen das Wort, wenn ein Redner zum Schweigen veranlasst wird. Nirgends klingt die Brutalität des Maulstopfens an. Worum es im Titusbrief geht, ist klar: Durch die Zurückweisung der falschen Lehren, also im Dialog mit den Irrlehrern, sollen die Gegner dazu gebracht werden, künftig zu schweigen und sich nicht an den Geldgaben von verführten Gemeindemitgliedern zu bereichern (man vergleiche dazu auch Titus 1,7).

Mit den «jüdischen Mythen» (im griechischen Text wird das Wort «Mythen» gebraucht, wir sollten daher nicht «Fabeln» oder «Fabeleien» übersetzen) sind natürlich nicht Aussagen des Alten Testaments gemeint, auf das sich gerade auch die frühchristliche Verkündigung bezog. Es geht vor allem um genealogische Spekulationen, von denen auch 1. Timotheus 1,4 spricht.

Im 1. Jahrhundert kursierten verschiedene Texte, die mit Stammbäumen operierten, um Irrlehren – die sich durchaus auch gegen das traditionelle Judentum richten konnten – interessant zu machen. Man wird hier an Schriften wie das «Jubiläen»-Buch denken dürfen. Es sind allerdings wohl eher mündliche Äußerungen auf Kreta gemeint, nicht spezifische, noch heute erhaltene Texte.

Jakobus 5,1–6

(1) Wohlan ihr Reichen, weint und heult laut über eure Drangsale, die herbeikommen.

(2) Euer Reichtum ist verfault, und eure Kleider sind von Motten zerfressen.

(3) Euer Gold und euer Silber ist verrostet, und ihr Rost wird gegen euch zeugen. Er wird euer Fleisch fressen wie Feuer. Ihr habt Schätze gesammelt in den letzten Tagen.

(4) Siehe, der Lohn der Arbeiter, die eure Felder abgemäht haben, der Lohn, der vorenthalten worden ist, schreit, und die Rufe der Schnitter sind vor die Ohren des Herrn Zebaoth gekommen.

(5) Ihr habt geschwelgt auf Erden und üppig gelebt. Ihr habt eure Herzen gemästet am Schlachttag.

(6) Ihr habt den Gerechten verurteilt, ihr habt ihn getötet – und er hat sich euch nicht widersetzt!

Der Jakobusbrief wendet sich ausdrücklich an jüdische Leser. Eine wachsende Zahl von Forschern hält ihn für den ältesten Brief des Neuen Testaments (um 48 nach Christus) und identifiziert den Verfasser mit dem Bruder von Jesus (man vergleiche Galater 1,19). Dieser Jakobus war nach dem Weggang des Petrus bis zu seiner Ermordung im Jahre 62 nach Christus der Leiter der Jerusalemer Urgemeinde. Eine solche Zuschreibung des Briefes macht jeden Vorwurf des Judenhasses absurd.

Doch selbst dann, wenn man mit anderen Forschern annähme, dass dieser Brief erst sehr viel später entstand und nicht von Jakobus stammt, ließe sich in ihm nichts finden, das als «antijüdisch» zu verstehen wäre. Schon der Adressat dieser Anklage ist nicht «die Judenheit», sondern es sind «Reiche», und auch hier wieder nicht alle Reichen. Konkrete Vorwürfe werden erhoben, die in der Pointe gipfeln, diese Reichen hätten «den Gerechten verurteilt und getötet», ohne dass er sich widersetzt hätte.

Sicher ist hier im Streitgebrauch von Juden untereinander zuerst einmal das klassische Opfer jener Reichen gemeint, die ihre Macht missbrauchen. Dieses Opfer ist der arme Gerechte. Erläutert ist das bereits in zwei Psalmen: Psalm 37,14 und Psalm 32,32–33. Vom Messias als dem Gerechten ist da nicht die Rede. Psalm 94,21 weist in die gleiche Richtung. Zitieren wir als weiteres Beispiel Amos 5,12: «Ich kenne eure zahlreichen Verbrechen und eure zahlreichen Sünden – sie bedrängen den Gerechten, nehmen Bestechungsgelder an und drängen den Armen, der im Tor sitzt, zur Seite.» Wer nun wahrhaft gerecht ist, wehrt sich dagegen nicht: So sagt es auch Jesus in der Bergpredigt Matthäus 5,39, ohne es auf sich selbst zu beziehen.

Keineswegs eindeutig ist dann auch, dass die «Tötung» in unserer Stelle vorrangig auf die Tötung Jesu bezogen werden muss. Es ist hier eher, wie zum Beispiel in Matthäus 5,21–26 und 1. Johannes 3,15, der «mörderische» Hass gemeint. So lautet die Stelle des 1. Johannesbriefs: «Wer seinen Bruder hasst, der ist ein Mörder, und ihr wisst, dass kein Mörder das ewige Leben bleibend in sich hat.» In diesem Sinne argumentiert Jakobus.

Andernfalls wäre es auch schwer vorstellbar, dass Jakobus die Reichen innerhalb der Gemeinde nur kritisiert und zur tätigen Reue auffordert, statt sie ausstoßen und – als überführte Mörder – vor Gericht stellen zu lassen. Darüber hinaus müsste überhaupt erst einmal nachgewiesen werden, dass Jakobus mit dem Opfer der Reichen *nur* Jesus meint. Dass er *auch* an ihn dachte, ist durchaus wahrscheinlich: Jesus wird in verschiedenen neutestamentlichen Schriften als der Gerechte am Ende der Weltzeit bezeichnet (zum Beispiel von Petrus in Apostelgeschichte 3,14–15, von Stephanus in Apostelgeschichte 7,51–53, von Ananias im Gespräch mit Paulus in Damaskus, Apostelgeschichte 22,14; ferner im 1. Petrusbrief 3,18 und in 1. Johannes 1,1–2). Das ist ein breites Spektrum verschiedener Redner, Autoren und Anlässe. Und keine dieser Stellen gibt eine Rechtfertigung dafür her, dort oder im Jakobusbrief antijüdische Hetze zu erkennen.

Ein Blick auf den Psalmenkommentar aus der vierten Höhle von Qumran, 4Q171, bestätigt, dass «der Gerechte» auch zu Zeiten der Qumran-Essener nicht eine messianische Gestalt meinen musste, sondern für die Gerechten in ihrer Vielzahl stehen kann. Dort heißt es zum Beispiel in 3,21–22: «Der Übeltäter borgt und zahlt nicht zurück, doch der Gerechte ist großzügig und gibt. Wahrlich, jene die er [Gott] segnet, werden das Land besitzen, und jene, die er verflucht, werden abgeschnitten.» Es ist also Vorsicht geboten vor einer allzu engen Interpretation der Jakobus-Stelle. Und das gilt natürlich auch, wenn wir die neutestamentlichen Stellen, die Jesus mit «dem» Gerechten gleichsetzen, an der Prophetie vom leidenden Gerechten bei Jesaja messen (53,1–12). Denn gerade dort sind weder alle Juden noch alle Reichen (53,9!) ausgeschlossen.

Die Größe des Jakobusbriefs mag gerade darin liegen, dass er mit wenigen Worten eine solche Vielzahl von Bezügen und Aufforderungen zur Selbsterkenntnis möglich macht. Der Jude Jakobus jedenfalls, der an Juden schreibt und Reiche nicht aus der Gemeinde weist, sondern nur im konkreten Fall Kritik übt (1,10; 2,1–10; 4,13–17), verfällt nicht in Klischees, schon gar nicht in «antisemitische».

Hebräer 10,28–36

(28) Wer das Gesetz Moses aufhebt, der soll ohne Erbarmen vor zwei oder drei Zeugen sterben.

(29) Wie viel schlimmer, meint ihr, wird die Strafe sein, die verdient, wer den Sohn Gottes verächtlich behandelt hat, wer das Blut des Bundes für unrein hält, in dem er geheiligt worden ist, und wer gegen den Geist der Gnade frevelt.

(30) Wir wissen ja Bescheid über den, der gesagt hat: «Mir kommt die Rache zu, ich werde vergelten!» Und an einer anderen Stelle: «Der Herr wird sein Volk richten!»

(31) Es ist furchtbar, in die Hände des lebenden Gottes zu fallen.

(32) Erinnert euch doch an die früheren Tage, wo ihr als Erleuchtete einen heftigen Leidenskampf zu bestehen hattet.

(33) Da seid ihr selbst unter schimpflichen Bedrückungen zur Schau gestellt worden und habt Anteil genommen am Schicksal derer, die so gelebt haben.

(34) Denn mit den Gefangenen hattet ihr Mitleid, und den Raub eures Besitzes habt ihr mit Freude hingenommen, im Bewusstsein, dass ihr [im Himmel] ein größeres und bleibendes Vermögen habt.

(35) Werft also eure Zuversicht nicht weg. Sie hat einen großen Lohn!

(36) Geduld nämlich habt ihr nötig, damit ihr den Willen Gottes tut und die Verheißung erlangen werdet.

Der Hebräerbrief ist an Juden gerichtet, auch der unbekannte Verfasser war Jude. (Schon die frühe Kirche akzeptierte letztlich nicht die gelegentlich – zum Beispiel von Klemens von Alexandrien – vertretene Ansicht, der Brief stamme von Paulus; Tertullian nannte den Apostel Barnabas als Autor, viele andere Namen wurden – und werden – erörtert.)

Der Angriff in 10,28–36 wendet sich gegen jene, die Jesus und seine Nachfolger ablehnen. Wir haben das hierfür benutzte Verfahren, biblische Aussagen zu benutzen, mit denen Juden vertraut waren, bereits oben erläutert. Eine spezifische Verurteilung aller Juden oder die Aufforderung, sie kollektiv zu bestrafen, enthält der Text nicht. Vor allem Vers 29 ist als Freibrief zur Tötung jener Mitjuden verfälscht worden, die gegen Jesus und seine Botschaft vorgehen. Es steht hier allerdings nichts von einem Aufruf an Menschen, andere Menschen deswegen zu verfolgen. Ein Urteil und dessen Vollzug ist Gott überlassen (10,31), es ist ein Urteil am Ende der Zeiten, keines, das andere zu vollstrecken hätten, die jetzt schon zu wissen glauben, wie Gott urteilen wird.

Im engeren Sinne kann man sogar ausschließen, dass sie einer Art endzeitlichem Todesurteil unterworfen werden. Denn der Tod war, wie es hier ausdrücklich unter Bezug auf Deuteronomium/5. Mose 17,6 heißt, bereits als Strafe für Übertreter des mosaischen Gesetzes vorgesehen. Da Hebräer 10,29 die Strafe für Jesus-Leugner als Steigerung beschreibt, kann nicht der leibliche Tod gemeint sein.

Mit der Androhung des Todes gehen die essenischen Texte von Qumran erheblich schneller und umfassender um; so steht dort die Todesstrafe beispielsweise für die Abkehr von Gott, vor allem unter dämonischer Beeinflussung (Damaskus-Schrift CD 12,2–3), für Ehebruch mit einer verlobten Frau (4Q159, Fragment 224,10–11), für das Gelübde, einen anderen Menschen zu vernichten (CD 9,11), für jeden Zeugen, der das Alter der Aufnahme in die Gemeinschaft nicht erreicht hat und kein Gottesfürchtiger ist (CD 10,1), für üble Nachrede gegen das jüdische Volk sowie für Verrat an diesem Volk (Tempelrolle 64,6–13).

Offenbarung 2,9 und 3,9

(2,9) Ich weiß von deiner Trübsal und von deiner Armut – aber du bist reich! – und von der Schmähsucht derer, die sagen, sie seien Juden, es aber nicht sind. Nein, sie sind eine Synagoge Satans!
(3,9) Siehe, ich werde Leute aus der Synagoge des Satans schicken, von denen, die sagen, sie seien Juden, es aber nicht sind, sondern lügen. Siehe, ich werde sie dazu bringen, dass sie kommen und vor deine Füße fallen werden und erkennen, dass ich dich geliebt habe.

Das Wort von der «Synagoge Satans» gehört zu den am häufigsten genannten Stellen des Neuen Testaments, die als Beleg für den «Antijudaismus» des Neuen Testaments vorgelegt werden.

Das erste Zitat (2,9) stammt aus dem Sendschreiben an die Gemeinde von Smyrna (2,8–11). Der Hintergrund sind Angriffe auf die christliche Gemeinde der Stadt von Mitgliedern der jüdischen Synagogen-Gemeinschaft. Es scheint, als sei die

Synagoge gewissermaßen als Körperschaft öffentlich gegen die Christen vorgegangen; dafür gibt es in der Apostelgeschichte verschiedene andere Beispiele.

Direkte, physische Verfolgungsmaßnahmen müssen hier noch nicht einmal gemeint sein. Ohne alle historischen Details rekonstruieren zu können, müssen wir – wie schon bei früheren Texten – auch hier festhalten, dass nicht alle Juden und schon gar nicht alle Juden zu allen Zeiten gemeint sind. Es geht um eine genau identifizierte Synagoge, nämlich die in Smyrna, von der aus aktiv gegen die Christen der gleichen Stadt vorgegangen wurde. Der Verfasser des Sendschreibens führt ihr Handeln auf satanischen Einfluss zurück.

Diese Art zu reden wurde schon von der essenischen Gemeinde praktiziert, also von anderen Juden in ihrem Kampf gegen jene Juden, die ihren Leiter (den Lehrer der Gerechtigkeit) und ihre Lehren ablehnten (zum Beispiel in den «Lobliedern» 1QH 4,7–12). Anders gesagt: Auch hier liegt nichts spezifisch Christliches gegen die Juden vor, sondern die Fortführung der Tradition einer harten, polemischen Rede von Juden untereinander und gegeneinander.

Die zweite Stelle (3,9) bringt den gleichen Gedanken im Sendschreiben an die Gemeinde von Philadelphia (3,7–13). Erneut ist völlig zweifelsfrei eine besondere Situation gemeint. Hier wie im Brief an die Christen in Smyrna fällt auf, dass jene unter satanischem Einfluss stehenden Juden nur behaupten, sie seien Juden, es aber nicht wirklich sind.

Dieser Gedanke, dass Juden nicht mehr wirklich Juden sind, wenn sie in einer bestimmten Weise wissentlich vom Gesetz oder von der offenbarten Lehre abweichen, kommt ähnlich bereits bei Paulus vor. Er beschreibt diese Situation im Römerbrief (Römer 2,25; 2,28–29). Und dahinter stehen alttestamentliche Stellen wie Jeremia 4,4 und 9,25. Auch diese Beobachtung, dass nicht äußere Merkmale oder rituelle Handlungen einen Menschen zum wahren, gottgefälligen Juden machen, ist also keine christliche Erfindung. Jüdische Leser der Offenbarung des Johannes wie auch des Römerbriefs kannten natürlich Jeremia 4,4, wo es heißt: «Beschneidet euch für den Herrn und entfernt die Vorhäute eurer Herzen, ihr Männer von Juda und ihr Bewohner Jerusalems, damit mein Zorn nicht gegen euch ausbreche wie Feuer und unauslöschlich brenne wegen der Bosheit eurer Taten!»

Noch in der scharfen Anklage aus diesen beiden Sendschreiben sehen wir also, dass hier den Christen keine Handhabe zu Judenhass und Judenverfolgung geliefert wird. Die nahezu zweitausend Jahre dauernde Feindschaft gegen die Juden innerhalb des Christentums beruft sich auf solche Stellen ebenso zu Unrecht, wie es heutige Kritiker tun, die schon das Neue Testament selbst als judenfeindlich deuten. Und zweifellos wurde das häufig dadurch begründet, dass man aus den Texten des Neuen Testaments das herauslas, was *nicht* in ihnen steht. Auf diese Weise sind die neutestamentlichen Schriften zwar zu Quellen der Judenfeindschaft geworden, aber sie sind keine judenfeindlichen Quellen.

4. Kapitel

Judenfeindschaft im frühen Christentum

Einführung

Unsere Untersuchung der neutestamentlichen Stellen, die in der aktuellen Diskussion als «antisemitisch» oder jedenfalls antijüdisch bezeichnet werden, hatte ein deutliches Ergebnis: Judenfeindschaft liegt hier nicht vor, selbst bei jenen Stellen nicht, die auf den ersten Blick völlig eindeutig zu sein scheinen. Wir müssen es lernen, zwischen dem Text selbst und seiner Aufnahme durch spätere Generationen zu trennen. Und wir können sogar noch einen Schritt weitergehen: Wie wir aus persönlicher Erfahrung wissen, ist es durchaus möglich, sogar im heutigen Israel mit gläubigen Juden über das Neue Testament zu sprechen, wenn man diese siebenundzwanzig Schriften nicht als die offiziellen Dokumente einer gegen Juden vorgehenden Kirche missversteht. Denn als sie entstanden, gab es weder ein organisiertes Christentum noch eine Amts- oder Weltkirche.

Um die Texte einer werdenden Kirche, eines zuerst noch zwischen sporadischen Verfolgungen und in inneren Rivalitäten nach Orientierung suchenden, dann aber zunehmend in Machtpositionen vordringenden Glaubens geht es in diesem Teil unseres Buches. Die Schriften der zweiten Phase müssen eindeutig getrennt werden von jenen der Ursprünge.

Denn bei diesen ersten Texten handelt es sich, ein wenig zugespitzt formuliert, um jüdische Literatur der Spätzeit des Zweiten Tempels. So können auch Juden sie lesen: als Schriften, die nicht gleichzusetzen sind, aber verglichen werden können mit anderen jüdischen Texten aus der Zeit zwischen den Makkabäern und der jüdischen Revolte gegen die Römer – über den Messias, über das Ende der Zeiten, über das gottgefällige Leben im Glauben und inmitten einer oft feindlichen Umwelt.

Es war die Zeit, die mit der Zerstörung Qumrans (68 nach Christus), Jerusalems (70) und Masadas (73/74) endete und in den achtziger Jahren des 1. Jahrhunderts mit dem «Konzil» von Jabne/Jamnia überging in eine bis heute fortdauernde Neukonstituierung des Judentums ohne Tempel. Erst da, in den achtziger Jahren also, trennte sich das Judentum endgültig von jenen Mitjuden, die an Jesus glaubten, und stieß sie mit einer Ergänzung zum traditionellen «Achtzehnbitten-Gebet», dem so genannten «Birkat ha Minim», aus der Glaubensgemeinschaft und aus den Synagogen aus.

Die in den darauf folgenden Jahrhunderten gesammelten und verfassten Texte des Jerusalemer und Babylonischen Talmuds sprechen bereits von Feinden, die abzulehnen und zu bekämpfen sind. In dieser Zeit entstehen auch die christlichen Schriften, in denen Judenfeindschaft und Judenhass gepredigt wird. Und es muss festgehalten werden, dass hier nicht nur ein anderer Tonfall einkehrt: Wir haben es auch mit einer ganz anderen Art von Verfassern zu tun.

Die Autoren der neutestamentlichen Schriften waren Juden, viele von ihnen geprägt von griechischer Sprache und den Einflüssen griechischer Kultur und griechischen Denkens. Das war nicht ungewöhnlich, denn spätestens seit dem 2. vorchristlichen Jahrhundert nahmen im gesamten Judentum diese Einflüsse spürbar zu. Der einzige noch namentlich bekannte jüdische Theaterschriftsteller beispielsweise, Hesekiel der Tragöde, schrieb im 2. Jahrhundert seine Theaterstücke in griechischer Sprache. Von Philo von Alexandria, der Griechisch schrieb und dachte, war bereits die Rede. Selbst mitten in Jerusalem gab es zur Zeit der ersten Christen mindestens zwei griechischsprachige Synagogen-Gemeinden, die archäologisch und literarisch nachgewiesen sind. Das Judentum war auch zu Zeiten, als der Tempel noch stand, längst international und mehrsprachig geworden. Aber alle diese Autoren verstanden sich als Juden.

Wir wiesen bereits im vorangegangenen Kapitel darauf hin, dass noch nicht einmal Paulus, der «Heiden-Missionar», einen Widerspruch sah zwischen seinem Judentum, seiner Stellung als Pharisäer und seinem Glauben an Jesus als Messias und Sohn Gottes. In der zweiten Phase bricht das geradezu kompromisslos ab. Ebenso wie das Judentum nach dem Verlust des Tempels dazu überging, die Jesus-Anhänger auszustoßen, verleugnet nun das frühe Christentum seine Jüdischkeit. Und es wird dabei gern übersehen, dass unter den mitunter geradezu fanatisch formulierenden Autoren der christlichen Schriften ab dem 2. Jahrhundert kein einziger ist, der aus dem Judentum stammte. Die Judenfeindschaft des Christentums war und blieb ein «Privileg» der Heidenchristen.

Auch dies müssen wir noch einmal so deutlich sagen, um den Unterschied mit allem Nachdruck hervorzuheben: Das Neue Testament ist nicht nur von Juden verfasst, sondern zweifellos noch im Judentum verankert. Selbst die von Paulus – und nicht nur von ihm – durchgesetzten Einschränkungen traditioneller jüdischer Lebensnormen mit dem Ziel der Gewinnung von Nichtjuden waren nicht als Bekämpfung des Judentums gemeint, sondern als Umsetzung der Lehre des Juden Jesus.

Unter denen, die diese Einschränkungen 48/49 nach Christus auf dem so genannten Apostelkonzil in Jerusalem erörterten und beschlossen, war kein einziger Nichtjude. Zu Recht sieht auch das heutige Judentum darin eine grundlegende Veränderung; denn aus der Religion des einen Volkes, des auserwählten Volkes Gottes, wurde nun eine Religion, die auch Menschen ganz anderer Herkunft offen stand, ohne dass diese zuerst formell zum Judentum konvertieren mussten. Das war, in gewisser Weise, eine Revolution. Aber noch einmal: Beschlossen wurde sie nicht von Heiden, sondern von Juden.

Und dann die nachfolgenden Generationen: Hier ist, gegen Paulus, gegen Petrus, gegen alle Juden der Gründergeneration, aus dem Machtkampf die Verleugnung und Bekämpfung der

Wurzeln geworden, und jene, die sie bekämpften, hatten keinerlei persönliche, biographische Verbindung mit dem Judentum. Wenn wir das so deutlich trennen, dann können wir nicht nur das Neue Testament sachlich angemessen beurteilen, sondern auch die Schriften der späteren christlichen Generationen, in denen das Judentum zunehmend zum Feind des Christentums gemacht wurde.

Absolute Sicherheit über den Zeitpunkt, zu dem die ersten offen judenfeindlichen Äußerungen in christlichen Schriften veröffentlicht wurden, gibt es nicht. Zu wenig ist erhalten geblieben. Aber wenn wir annehmen dürfen, dass das Erhaltene auch von denen, die es überlieferten, für repräsentativ gehalten wurde, dann können wir doch einiges sagen.

Die älteste Sammlung von Texten, die im Laufe der Kirchengeschichte als eine Art Fortsetzung des Neuen Testaments zusammengestellt wurde, ist unter der Bezeichnung «Apostolische Väter» bekannt geworden. Sie umfasst den Zeitraum vom 1. Clemensbrief (der meist um 98 nach Christus datiert wird, von einigen Forschern jedoch in die Zeit kurz nach der Hinrichtung von Petrus und Paulus in Rom, um 67/68 nach Christus) bis zum «Martyrium des Polykarp» 155/156 nach Christus und enthält heute zwei Briefe des Clemens von Rom, die «Didache», den Barnabasbrief, die sieben Briefe des Ignatius von Antiochien, den Diognetbrief, den «Hirten des Hermas», den Polykarpbrief und das Martyrium des Polykarp. Einige Ausgaben zählen noch das so genannte «Quadratus»-Fragment hinzu.

Es handelt sich dabei nicht um eine gewachsene Sammlung. Erst 1672 stellte der Franzose J. B. Cotelier Texte zusammen, die seiner Meinung nach von persönlichen Schülern der Apostel stammten bzw. in einigen Fällen über ihr Martyrium berichteten. Die erst 1873 in einer Handschrift des Jahres 1056 wiederentdeckte, aber spätestens zu Beginn des 2. Jahrhunderts veröffentlichte «Didache» fehlte ebenso wie der «Brief an Diognet», der zwar erstmals 1592 veröffentlicht wurde, aber auch erst im 19. Jahrhundert zu den «Apostolischen Vätern» gezählt wurde.

Diese kurz gefasste Darstellung ist deswegen wichtig, weil sie uns hilft, die Ursprünge der christlichen Judenfeindschaft genauer zuzuordnen. Von den Texten, die – ob zu Recht oder Unrecht, sei dahingestellt – auf Schüler der Apostel zurückgeführt wurden, enthält kein einziger eine Spur ausgeprägter Judenfeindschaft. Nichts in ihnen geht wesentlich über das hinaus, was wir bereits im Neuen Testament als Teil der innerjüdischen Kontroverse über den wahren Weg gefunden haben.

Das gilt auch für den wohl um 130–131 nach Christus, vielleicht allerdings schon kurz vor 80 nach Christus entstandenen Barnabasbrief, der so angesehen war, dass er noch um die Mitte des 4. Jahrhunderts nach Christus neben den apostolischen Briefen in den Codex Sinaiticus aufgenommen wurde. Neutestamentliche Aussagen sind darin zwar gelegentlich schärfer formuliert, vor allem da, wo es um «Israel» als Heilsbegriff und um die allegorische Interpretation des Alten Testaments geht, doch sind sie nicht mit aggressiver Feindschaft gegenüber den Juden durchsetzt. Wirkliche Juden kommen bei ihm, anders als im Brief an Diognet, überhaupt nicht vor.

Erst der Brief an Diognet weicht mit seiner feindlicher werdenden Schärfe von diesen Schriften ab, und für ihn hat noch kein Forscher in Anspruch genommen, dass er mit der Nachfolgegeneration der Apostel zu verbinden sei. Gerade dieser Brief, mit dem wir unsere Textauswahl beginnen, ist darüber hinaus in der Spätantike und im gesamten Mittelalter völlig unbeachtet geblieben. Die heutige Forschung hält ihn zu Recht für anonym (nur der Empfänger, Diognet, ist genannt). Sie sieht im Verfasser jedenfalls nicht einen Juden-Christen und datiert den Brief meist in die Zeit gegen Ende des 2. Jahrhunderts nach Christus.

Damit ist er zwar jünger als Justin und Minucius Felix, die wir unten zitieren, wird von uns jedoch an die erste Stelle gesetzt, weil er in den Standardausgaben der Nachfolge-Editionen zum Neuen Testament, den «Apostolischen Vätern», Aufnahme fand. Einen konkreten Einfluss auf die Judenfeindschaft des Christentums konnte er schon deswegen nicht haben, weil er erst ab dem 16. Jahrhundert bekannt wurde.

Auf sicherem Boden befinden wir uns erst mit Justin, der um 165 nach Christus in Rom hingerichtet wurde. Sein «Dialog mit dem Juden Tryphon» brachte ihm den zweifelhaften Ruhm ein, als «größter Antisemit des christlichen Abendlandes» bezeichnet zu werden. Mit Justin, der aus Sichem in der römischen Verwaltungsprovinz Palästina stammte, beginnt die abschüssige Bahn der christlichen Judenfeindschaft, die an den nachfolgenden Autoren und Texten abgelesen werden kann.

Schritt für Schritt werden die Juden aus der Verbindung mit Gott herausgelöst, das Gottesvolk sind sie dann natürlich längst nicht mehr, da dieser Ehrentitel auf die Christen übergegangen ist. Für ihre Ablehnung des Gotteswillens erhalten sie bereits jetzt in der realen Welt ihre Strafe (Justin u. a.). Sie sind Pöbel, ruchlose Mörder des Herrn und Vaters (Melito von Sardes, Kaiser Konstantin u. a.), die ganz allein für die Kreuzigung Jesu verantwortlich waren (Laktanz). Sie sind Mörder christlicher Kinder (Sokrates von Konstantinopel) und schließlich ausdrücklich die nach Knoblauch und Zwiebel stinkenden Gottesmörder – ein Volk, das zwar kein Schwein isst, jedoch selbst ein Schwein ist, das Blut von sich spritzt (Ephraem der Syrer, ca. 306–373 nach Christus, der führende Fanatiker des Judenhasses in der syrischen Kirche, den wir unten nicht noch einmal aufgreifen).

Anders gesagt: Nicht nur die Evangelien und Paulus werden hier verfälscht, auch mit geschichtlichen Tatsachen wird nach Gutdünken antijüdisch umgesprungen.

Wir beschließen unsere Texte mit dem 5. Jahrhundert, also mit der Zeit des Sokrates von Konstantinopel und des Augustinus, und es wird sicher nicht allen Lesern gefallen, wenn sie erfahren, dass sich auch und gerade der Kirchenlehrer Augustinus vor allem in seiner «Abhandlung gegen die Juden» als ein Meister der extrem judenfeindlichen Polemik erwies.

Alle diese Autoren blieben noch in der Theorie, formulierten in aufhetzender Sprache, riefen jedoch nicht zu Handlungen gegen die Juden auf. Von Synagogenbränden, Thora-Zerstörungen oder Pogromen gegen jüdische Gemeinden ist hier noch nicht die Rede, obwohl sich spätere Judenverfolger und Judenmörder natürlich mit Vergnügen auf diese Texte berufen konnten.

Umso erschütternder ist es allerdings, dass ein großer Theologe der von uns dargestellten Phase des frühen Christentums dann doch nicht davor zurückschreckte, das gewaltsame Vorgehen gegen Juden gutzuheißen: Es ist der berühmte Fall des hochverdienten Ambrosius von Mailand, der seinem Kaiser Theodosius die Exkommunikation androhte, als dieser plante, die Synagoge von Kallinikon wieder aufbauen zu lassen, die 388 nach Christus durch einen vom Ortsbischof aufgestachelten christlichen Mob zerstört worden war. Dass der Kaiser auch noch die Schuldigen bestrafen wollte, veranlasste Ambrosius dazu, Theodosius das Abendmahl zu verweigern.

Wir stehen heute verständnislos und entsetzt vor solchen Ereignissen und können auch mit den subtilsten Erklärungsversuchen, warum so gedacht, geschrieben und gehandelt wurde, nicht davor ausweichen, den Schandfleck, der auf der Geschichte des Christentums seit dem 2. Jahrhundert liegt, zu dokumentieren und einzugestehen. Denn wer das Christentum für judenfeindlich hält, darf sich zu Recht auch auf solche berufen, die als Lehrer der Kirche die Anfänge christlichen Denkens und Handelns mitbestimmten.

Es wäre nun falsch, die frühe Kirchengeschichte insgesamt als eine Abirrung vom eigentlichen Glauben und Leben der neutestamentlichen Zeit und ihrer Schriften einzuordnen. Wie wir schon sahen, gab es auch andere Stimmen. Und es darf auch nicht unterschlagen werden, dass aus dem Judentum durchaus mit ähnlichen Mitteln gegen die verhassten Christen vorgegangen wurde – man denke hier, unter vielen anderen Beispielen, an den Abschnitt im Babylonischen Talmud, Traktat «Sabbat» 16,1 (mit 116 a), wo es ausdrücklich verboten wird, beim Brand eines Hauses christliche Schriftrollen zu retten, obwohl sie den Namen Gottes enthalten, also heilige Schriften sind.

Doch hier kann und darf man nicht aufrechnen wollen. Denn die christliche Judenfeindschaft ist nicht nur aggressiver als die jüdische Christenfeindschaft, die letztlich nur aus der Notwendigkeit einer Selbstverteidigung gegen den Anspruch der christlichen Übernahme und Veränderung des eigenen Gottesbildes entstand. Sie allein war es auch, die aus solchen Anfängen die Rechtfertigung von Taten entwickelte, von gutgeheißenen Synagogenbränden über Vertreibungen und Pogromen bis zum versuchten Genozid. Mit Schuldbekenntnissen und Vergebungsbitten ist es da nicht getan.

Doch was auch immer der Weg zu einem sinnvollen Dialog zwischen Juden und Christen sein mag: Die unabdingbare Voraussetzung ist es, mit offenen Augen nachzulesen, wie es begann. Diesem Zweck dienen die nun folgenden Texte, die selbstverständlich nicht den Anspruch auf Vollständigkeit erheben.

Der Brief an Diognet

Einige Anmerkungen zur Entstehungszeit, Veröffentlichung und Wirkung des so genannten Diognetbriefs standen bereits in der Einführung. Ein richtiger Brief war dieses Schreiben sicher nie. Es handelt sich vielmehr um einen Essay, der einer Einzelperson zugeeignet war, aber zugleich einen größeren Leserkreis erreichen sollte (innerhalb des Neuen Testaments können wir vergleichsweise an den Theophilus des Lukasevangeliums und der Apostelgeschichte denken). Der unbekannte Verfasser schreibt ein ausgezeichnetes Griechisch und will offenbar die Gebildeten unter den Verächtern der nichtchristlichen Religionen erreichen.

Sein Schreiben wendet sich keineswegs nur gegen das Judentum. Er will das Christentum auch jene glaubhaft machen, die eine Religion nur dann für gut halten, wenn sie alt ist: der so genannte Altersbeweis war in der Antike ein wichtiges Argument im Wettstreit der Religionen. So kehrt der Schreiber nun die Beweislage gewissermaßen um und will zeigen, dass die alten Religionen auf falschen Voraussetzungen und Praktiken beruhen, Alter an und für sich also kein Qualitäts- oder Überlegenheitsbeweis ist.

Kapitel 2 und 3 sind eine Kritik des Götterkultes und der Opferriten in heidnischen Religionen. Von dort leitet der Autor in Kapitel 3 und 4 über auf die jüdischen Riten, die er polemisch kritisiert (3,5; gefolgt von der Stelle, die wir unten zitieren). Für ihn steht das Judentum bereits auf einer Stufe mit den heidnischen Kulten: Es ist eine fremde, mit dem Christentum weder verwandte noch verschwägerte Religion, deren Praktiken er der Lächerlichkeit preisgibt. Selbst das eine wörtliche Zitat aus dem Alten Testament, Genesis/1. Mose 2,9 in 12,12,2–3, wird nicht mit dem Gott der Juden in Verbindung gebracht.

Erst ab Kapitel 5 befasst der Autor sich eingehend mit dem christlichen Glauben in der Welt und gibt sich Mühe, das Christentum als eine gesellschaftsverträgliche, intellektuell nachvollziehbare Religion darzustellen. Er betont, dass der christliche Glaube von Gott selbst stammt, sozusagen ein religiöses Reifestadium darstellt (8,7–10,1). So zeigt er, dass damit auch die Neuheit, also das späte Auftreten des Christentums im Konzert der Religionen, erklärt ist.

Brief an Diognet, 4,1–6

Du brauchst im Übrigen, wie ich meine, nicht erst von mir zu lernen, dass ihre [der Juden] Bedenken wegen der Speisen, ihr Aberglaube über die Sabbate, ihre Angeberei mit der Beschneidung und ihre Heuchelei wegen des Fastens und der Neumondsfeier höchst lächerlich und des Gesprächs nicht wert sind. Denn wie sollte es nicht frevelhaft sein, von dem, was von Gott zum Gebrauch durch Menschen geschaffen wurde, das eine als gut geschaffen zu akzeptieren, das andere aber als unbrauchbar und überflüssig abzulehnen? Gott fälschlich anzuklagen, er verhindere, am Sabbat etwas Gutes zu tun: Wie sollte das nicht gottlos sein? Und noch mit der Verstümmelung des Fleisches als Beweis für die Erwählung anzugeben, als seien sie deswegen von Gott besonders geliebt – wie sollte das nicht Spott verdienen? Wer wird es für einen Beweis der Gottesverehrung halten und nicht vielmehr für einen des Unverstands, dass sie sich intensiv mit den Sternen und dem Mond beschäftigen, auf diese Weise die ständige Beobachtung der Monate und Tage vornehmen und die Heilsordnungen Gottes sowie die Wechsel der Zeiten nach ihrem eigenen Gutdünken einteilen, teils als Freudenfeste, teils als Trauertage? Dass sich die Christen also von der allgemeinen Dummheit und Täuschung, der Geschäftigkeit und Prahlerei der Juden zu Recht fernhalten, hast du nun, wie ich meine, zur Genüge erfahren.*

Justin, «Dialog mit dem Juden Tryphon»

Justin, auch Justin(us) der Märtyrer genannt, lebte von ca. 100 bis 165 nach Christus. Er stammte aus Flavia Neapolis, dem biblischen Sichem (heute Nablus). Aus «heidnischem» Elternhaus und in platonischer Philosophie geschult, lernte er in Samaria auch verschiedene jüdische Bewegungen kennen, ehe er Christ wurde. In Rom gründete er eine Schule und verfasste zwei Schriften zur Verteidigung des Christentums («Apologia I», 155 nach Christus, Kaiser Antoninus Pius gewidmet; «Apologia II», um 162 nach Christus). Er starb in Rom unter Kaiser Marcus Aurelius, nachdem er wegen christlicher Umtriebe vom Stadtpräfekten Quintus Iunius Rusticus zum Tode verurteilt worden war.

Justins Werke sind schlecht überliefert. Von den acht Werken, die Euseb noch um die Mitte des 4. Jahrhunderts kannte, sind nur seine drei Hauptwerke, die Apologien und der Dialog mit dem Juden Tryphon, erhalten – und auch diese nur in einer einzigen Handschrift von 1364. Gleichwohl ist seine Wirkung auf die frühchristliche Theologie unbestritten. Sein «Dialog mit Tryphon», aus dem wir unten zitieren, ist – vermutlich – die literarisch stark veränderte Fassung einer tatsächlichen Begegnung mit Rabbi Tarphon, möglicherweise in Ephesus um

132–135 nach Christus, wurde aber erst rund zwanzig Jahre später niedergeschrieben.

Justin verteidigt das Christentum gegen jüdische Vorwürfe, zum Beispiel gegen den, dass die gläubige Verehrung und Anbetung Jesu in Widerspruch mit dem Glauben an den einen Gott stehe und die auf Jesus bezogenen Stellen des Alten Testaments in Wirklichkeit ganz andere Zusammenhänge meinen. Er möchte die Juden zwar gern noch als Brüder sehen («Dialog» 96,2), nennt sie dann aber doch die «Gehilfen der Dämonen und des Heers des Satans» («Dialog» 131,2). Jedenfalls belässt er es nicht bei einer nüchternen Widerlegung von Vorwürfen, sondern attackiert den jüdischen Glauben als falsch und verderbt.

Fast schon methodisch entwickelt Justin als erster christlicher Autor die später so populäre Technik, das gesamte Alte Testament auf Christus hin und von Christus her und vor allem gegen den jüdischen Glauben zu interpretieren, selbst dann, wenn das nur mit Hilfe von Manipulationen des tatsächlichen Schriftsinns gelingt. Auch gegen das Neue Testament, vor allem gegen Johannes und Paulus, behauptet er, nur das Christentum sei das wahre Israel, die Juden dagegen seien jetzt nur noch das «falsche Israel» («Dialog» 11,5; 123,6–7).

Justin ist der erste identifizierbare Autor, der die Juden allein zu Mördern des Messias erklärt. Er wirft ihnen vor, die Christenverfolgungen im Römischen Reich verursacht zu haben, und hält sie für Verräter an Gott, dessen Wort sie ausspeien. Judenchristen, das heißt solche Christen, die jüdischer Herkunft sind und sich noch als Juden verstehen, werden wohl erstmals von Justin an den Rand des Christentums gedrückt: Sie dürfen ihr Judentum beibehalten, doch nur unter der Bedingung, dass sie nicht missionieren («Dialog» 48). Insgesamt ist Justin der Vorläufer fast aller später entwickelten Versatzstücke des Judenhasses.

Justin, «Dialog mit dem Juden Tryphon», 16,4; 17,1–4; 120,2–4

Und dies geschah euch auch ganz recht: Ihr habt nämlich den Gerechten getötet! Und vor ihm seine Propheten. Auch jetzt verwerft ihr die, welche ihre Hoffnung auf ihn setzen und auf den, der ihn gesandt hat, den allmächtigen Gott, den Hirten aller Heiligen. Wo immer möglich missachtet ihr sie, indem ihr in euren Synagogen die verflucht, welche an Christus glauben. Und nur die jetzigen Herrscher halten euch davon ab, unsere Mörder zu werden. So oft ihr aber konntet, habt ihr auch dies getan.

Kein anderes Volk verhält sich so ungerecht gegen uns und gegen Christus wie ihr. Mehr noch, ihr seid sogar die Ursache ihres üblen Argwohns gegen den Gerechten und gegen uns, die wir von jenem abstammen: Ihr hattet nämlich Christus gekreuzigt. Den einzigen tadellosen und gerechten Menschen, durch dessen Striemen diejenigen heil werden, die durch ihn vor den Vater treten. Nachher habt ihr erkannt, dass er von den Toten auferstanden und aufgestiegen ist in den Himmel – wie es die Propheten vorher angekündigt haben, dass es geschehen wird. Aber ihr habt über eure schlechten Taten nicht Buße getan. Nein, vielmehr habt ihr damals auserlesene Männer von Jerusalem ausgesucht und in aller Herren Länder geschickt. Die Botschaft: Die Sekte der Christen sei ganz offensichtlich gottlos. Die Methode: Das gegen uns vorzutragen, was alle, die uns nicht kennen, behaupten. Deshalb seid ihr nicht nur Ursache eurer eigenen Ungerechtigkeit, sondern der Ungerechtigkeit schlichtweg aller anderen Völker.

Zu Recht ruft Jesaja: «Wegen euch wird mein Name geschmäht unter den Heiden!» Und [Jesaja 3,9–11]: «Wehe ihrer Seele, weil sie sich gegen sich selbst schlecht beraten haben. Sie haben gesagt: Lasst uns den Gerechten binden, denn er ist uns lästig. Also sollen sie die Früchte ihrer Werke essen. Wehe dem Gesetzlosen: Schlimmes wird ihm geschehen nach den Werken seiner Hände.» An einer anderen Stelle wiederum sagt er [Jesaja 5,18–20]: «Wehe denen, die ihre

Sünden mit sich fortziehen wie mit einem starken Strick und ihre Gesetzlosigkeit wie mit dem Riemen des Jochs einer jungen Kuh. Sie sagen: Er soll ohne Verzug herankommen, und der Rat des heiligen Israels soll eintreffen, damit wir ihn erkennen. Wehe denen, die das Schlechte gut und das Gute schlecht nennen. Die Licht für Finsternis und Finsternis für Licht ausgeben. Die Bitteres süß und Süßes bitter machen.»

Ihr habt euch eifrig bemüht, dass gegen das allein tadellose und gerechte Licht, den Menschen von Gott gesandt, Bitterkeit, Finsternis und Ungerechtigkeit gesammelt wurde. Er schien euch lästig, weil er bei euch laut ausgerufen hatte: «Es steht geschrieben: Mein Haus ist ein Haus des Gebets, ihr aber habt es zu einer Räuberhöhle gemacht.» Und er warf die Tische der Geldwechsler im Tempel um.

Dann rief er: «Wehe euch, ihr Schriftgelehrten, ihr Pharisäer – Heuchler seid ihr! Ihr fordert den Zehnten von Minze und Raute, aber die Liebe Gottes und sein Gericht verachtet ihr. Ihr seid getünchte Gräber: Außen prachtvoll, innen voller Totengebeine. Und euch Schriftgelehrten: Wehe euch, ihr Schriftgelehrten! Ihr habt die Schlüssel, kommt selbst aber nicht hinein und hindert die, welche hineingehen wollen. Ihr seid blinde Reiseführer.»

Wenn du den Segen Judas begreifen würdest, würdest du sehen, was ich sage: Der Same von Jakob teilte sich: Die Linie Christi floss durch Juda, Phares, Isai und David. Dies war ein Zeichen, dass einige aus eurem Volk als Kinder Abrahams erfunden werden, weil sie auch ein Teil Christi sind, andere als Kinder Abrahams, weil sie wie Sand am Meer sind. Sand ist ohne Nachkommen und unfruchtbar (auch wenn er zuhauf, ja sogar unzählbar vorhanden ist). Er bringt nicht die geringste Frucht, sondern trinkt lediglich Meerwasser. Gerade darin wird auch die große Masse aus eurem Volk überführt: Sie trinken Lehren der Bitterkeit und Gottlosigkeit, Gottes Wort aber speien sie aus.

Es heißt nun über Juda: «Es wird kein Herrscher aus Juda fehlen und kein Führer, der von ihm abstammt, bis kommt, *was ihm vorbehalten ist.» Er wird die Erwartung der Heiden sein. Dies scheint ganz eindeutig nicht auf Juda hin gesagt zu sein, sondern auf Christus. Wir alle nämlich, von sämtlichen Völkern, warten nicht auf Juda, sondern auf Jesus, der auch eure Väter aus Ägypten herausgeführt hat. Bis zum Erscheinen Christi hat die Prophetie nämlich vorherverkündet: «bis kommt, dem es vorbehalten ist». Er selbst wird die Erwartung der Heiden sein.*

Jesus ist also gekommen, wie wir wiederholt dargelegt haben, und man erwartet, dass er wiederkommen wird auf den Wolken. Jesus, dessen Namen ihr entheiligt habt und bewirkt habt, dass er auf der ganzen Welt entheiligt wird.

Marcus Minucius Felix, «Octavius»

Der folgende Abschnitt steht hier stellvertretend für die seit der zweiten Hälfte des 2. Jahrhunderts schnell anwachsende Zahl lateinischer Schriften mit dem Titel «Adversus Iudaeos», «Gegen die Juden». Es gab da offenbar eine ganze judenkritische bis judenfeindliche Literaturindustrie, aus deren Produktion das meiste nicht mehr erhalten und einiges nur dem Namen nach bekannt ist – beispielsweise die Schrift «Gegen die Juden» des Apollinaris, ein gleichnamiges Werk des Miltiades, und, unter den erhaltenen Werken, Justins «Dialog mit dem Juden Tryphon», aus dem wir oben zitierten, sowie Tertullians «Gegen die Juden», auf das wir nicht mehr eigens eingehen.

Ausnahmen gab es nur wenige – genannt sei hier die griechische «Apologie» des Marcianus Aristides, um 138 nach Christus, die das Judentum aus christlicher Sicht sachlich, würdigend und ohne jede Polemik beschreibt.

Wir schließen uns jenen Forschern an, die Minucius Felix noch vor Tertullian (ca. 160 – ca. 240) für den ersten uns überlieferten christlichen Autor halten, der ein literarisches Werk in lateinischer Sprache verfasste [vgl. Thiede, 1986]. Über den Verfasser ist nicht viel bekannt. Zeitgeschichtliche Anspielungen, beispielsweise auf den offenbar noch lebenden römischen Autor Fronto (ca. 95 – ca. 166 nach Christus), geben eine ungefähre Orientierung. Die ältesten direkten Erwähnungen des Minucius und seines Buches (seit Laktanz, ca. 250 – ca. 317 nach Christus) nennen ihn einen Rechtsanwalt in Rom.

Obwohl der «Octavius» offenbar in der christlichen Spätantike gern und viel gelesen wurde, brach die Überlieferung im Mittelalter aus ungeklärten Gründen ab. Das Buch wurde 1560 «wiederentdeckt», als der französische Jurist François Baudouin in seiner Ausgabe einer Streitschrift des Arnobius, «Gegen die Heiden» («Adversus Nationes», frühes 4. Jahrhundert), das angebliche achte Buch als den «Octavius» des Minucius Felix identifizierte.

So hat dieses Werk zwei Wirkungsphasen: die frühchristliche Zeit bis ins 6. Jahrhundert oder etwas später, und dann die Epoche seit Humanismus und Renaissance.

Der «Octavius» gilt als «Juwel der frühchristlichen Literatur». Formale, auch philosophische Einflüsse Ciceros und Senecas sind unübersehbar, aber das Buch ist eine selbständige Meisterleistung der lateinischen Literatur, an die auch große Nachfolger wie Tertullian nicht heranreichen. Erst bei Augustinus im 5. Jahrhundert findet sich wieder eine so kunstvolle Beherrschung des Lateinischen.

Drei alte Freunde treffen sich nach langer Trennung in Rom wieder. Sie beschließen, am Strand von Ostia spazieren zu gehen. Während des Spaziergangs verneigt sich einer vor einer Statue der Gottheit Serapis. Da merken die beiden anderen, die längst Christen geworden waren, dass um ihrer Freundschaft willen ein offenes Gespräch nötig ist. Minucius Felix, der spätere Berichterstatter, wird zum Schiedsrichter ernannt. Caecilius Natalis, der Nichtchrist, beginnt; Octavius Ianuarius, der Christ, soll antworten.

Caecilius führt in offener, durchaus harter, polemischer Sprache alles auf, was zu jener Zeit gegen Christen vorgebracht wurde. Dabei polemisiert er auch gegen die Juden. Octavius antwortet, greift die schwerwiegendsten Vorwürfe auf und widerlegt sie. Nur die Juden verteidigt er nicht: Im Gegenteil, hier verschärft er die Angriffe. Es ist dieser Teil seiner Entgegnung, die wir hier zitieren.

Am Ende muss Minucius kein Urteil fällen. Caecilius gibt sich geschlagen, sieht das aber als einen Sieg, denn er habe über seinen eigenen Unglauben triumphiert.

Die Argumente, die Octavius gegen die Juden vorbringt, waren möglicherweise in dieser Zeit «Standard», jedenfalls tauchen sie so oder ähnlich in der späteren Literatur immer wieder auf. Was allerdings auffällt und noch einmal betont werden muss: Schon Caecilius hatte in seiner anti-christlichen Eröffnungsrede den Christen vorgehalten, sie würden den Gott der Juden verehren, den Gott eines «jammervollen Völkchens» («Iudaeorum misera gentilitas», «Octavius» 10,4), einen Gott, der mit seinem Volk in die Gefangenschaft der Römer geriet.

In seiner Antwort schützt nun Octavius nicht etwa die Juden gegen diesen Vorwurf, sondern er spitzt ihn zu. Nur die Christen verteidigt er; ihr Gott, der im Idealfall doch der Gott aller Menschen sei, die ihm gehorchen, sei keinesfalls gefangen, sondern habe die Juden rechtzeitig verlassen. So will das frühe Christentum sich hier intellektuell auf die Seite der Römer schlagen und sich letztlich auf Kosten der Juden als förderlich für den Staat und als auch für Philosophen akzeptable Glaubensform präsentieren.

Marcus Minucius Felix, «Octavius» 33,2–5

«‹Aber (so sagtest du, Caecilius) den Juden hat es doch nicht genützt, dass sie nur einen einzigen Gott an ihren Altären und in ihren Tempeln mit höchster Glaubenskraft verehrten.› Du machst dir aus Unkenntnis eine falsche Vorstellung, wenn du das vergisst, was vorangegangen ist, oder es nicht kennst oder nur an das denkst, was später geschah. Denn auch sie [die Juden] wurden doch, solange sie unseren Gott verehrten – denn er ist unser aller Gott – solange sie nämlich ihn rein, unschuldig und fromm verehrten, solange sie seinen heilsbringenden Geboten gehorchten, aus einer kleinen Zahl zu

sehr vielen gemacht, sie wurden von Bedürftigen zu Reichen, von Sklaven zu Königen. Die Wenigen gegen die Vielen, die Unbewaffneten gegen die Gerüsteten – noch während sie vor ihren Verfolgern flohen, erdrückten sie sie auf Befehl Gottes mit Hilfe seiner Elemente [Exodus 14,21–31]. Lies doch noch einmal ihre Schriften, oder, wenn du mehr Freude an den Römern hast und wir die Alten übergehen wollen, erforsche die Schriften des Flavius Josephus oder des Antonius Julianus über die Juden. Dann wirst du begreifen, dass sie sich durch ihre nichtsnutzige Leichtfertigkeit ihr Geschick selbst zugezogen haben und dass ihnen nichts zustieß, was ihnen nicht vorhergesagt worden war für den Fall, dass sie in trotzigem Ungehorsam verharrten. Sie hatten [Gott] verlassen, so wirst du verstehen, bevor sie [von Gott] verlassen wurden, und sie sind nicht, wie du es frech nanntest, mit ihrem Gott zusammen gefangen, sondern durch Gott ausgeliefert worden, als Überläufer von seinem Gesetz.»

Melito von Sardes, «Oster(Passa)-Homilie»

Melito (ca. 120 – ca. 190 nach Christus), ein jüngerer Zeitgenosse Justins, war Bischof von Sardes (Sardeis, Sardis, in Lydien, heute eine Ruinenstätte in der Türkei, die aus dem Neuen Testament bekannt ist als christliche Gemeinde, die ein Sendschreiben erhielt; Offenbarung 3,1–13).

Über Melito wissen wir ansonsten kaum etwas; Euseb erwähnt in seiner Kirchengeschichte, dass er nach Jerusalem reiste, und zählt Schriften auf, die bis auf die von ihm gelieferten Zitate verloren sind. Die eine Ausnahme machte ihn berühmt und berüchtigt: seine Osterpredigt, die in der Forschung als erstes eindeutiges Zeugnis eines christlichen «Antisemitismus» gilt. Sie entstand zwischen 160 und 170 nach Christus, nach seinem Jerusalem-Aufenthalt, und ist in drei griechischen Handschriften, einem koptischen Papyrus, altsyrischen Fragmenten sowie durch eine georgische und eine lateinische Übersetzung überliefert.

Diese Osterpredigt oder «Passa-Homilie» ist nicht eigentlich als judenfeindliches Werk konzipiert: In erster Linie geht es um die Festlegung des Osterdatums, und als Predigt geht der Text von einer alttestamentlichen Lesung (Exodus/2. Mose 12,1–10) aus. Doch im Verlauf seiner Auslegung kommt es zu einer antijüdischen Polemik, mit einer eigens eingeschobenen Rede gegen das Volk Israel (72–99). Darin steigert Melito sich in einer hasserfüllten, nur mühsam durch rhetorische Formeln gebremsten Sprache bis zum direkten, hier erstmals in der christlichen Literatur erhobenen Vorwurf, die Juden hätten Gott ermordet. Das bis in die frühe Neuzeit hinein nachgeredete, tödlichen Hass hervorrufende Motiv, die Juden seien Gottesmörder, kann präzise auf Melito von Sardes zurückgeführt werden.

Melito von Sardes, «Oster(Passa)-Homilie», Zeile 710–738

Du hast deinen Herrn getötet –
mitten in Jerusalem!
Hört, all ihr Sippen der Völker, und seht:
Ein unerhörter Mord ist geschehen –
mitten in Jerusalem,
in der Stadt des Gesetzes,
in der Stadt der Hebräer,
in der Stadt der Propheten,
in der Stadt, die für gerecht gehalten wurde.
Und wer wurde ermordet?
Wer ist der Mörder?
Ich schäme mich, es auszusprechen,
und ich sag's nur unter Zwang.
Wäre der Mord nämlich in der Nacht geschehen,
oder wäre er in der Einöde abgeschlachtet worden,
wäre es leicht zu schweigen:
Jetzt aber ist er mitten auf der Straße
und mitten in der Stadt –

ja, mitten in der Stadt vor aller Augen –
geschehen:
der ungerechte Mord an dem Gerechten.
So wurde er auf dem Holz erhöht,
und es wurde eine Inschrift hinzugefügt,
die den Ermordeten bezeichnete.
Wer war dieser?
Es auszusprechen fällt schwer,
und es nicht auszusprechen ist noch furchtbarer.
So hört denn zitternd,
wegen wem die Welt zitterte:
Der die Welt aufhängte, wurde aufgehängt.
Der die Himmel festmachte,
ist festgemacht worden.
Der alles befestigte, wurde ans Holz befestigt.
Der Herr erlitt schlimmste Misshandlung.
Gott wurde getötet.
Der König Israels wurde zugrunde gerichtet
von der Rechten eines Israeliten.
Schrecklicher Mord,
unvergleichliche Ungerechtigkeit.

Lucius Caecilius Firmianus Lactantius (*Laktanz*), «Göttliche Unterweisungen»

Laktanz (ca. 250 – ca. 320 nach Christus) hatte einen prägenden Einfluss auf die Christianisierung des Römischen Reichs. Philosophisch gebildet und Lehrer der Rhetorik, wurde er von Kaiser Diokletian als Professor nach Nikomedia berufen. Dort bekehrte er sich noch vor 303, dem Beginn der Christenverfolgung Diokletians, zum Christentum.

Im Jahre 317 wurde er von Konstantin zum Erzieher seines Sohnes Crispus an den Hof von Trier berufen. Schon vor dem Ruf nach Trier verfasste Laktanz einflussreiche Schriften, darunter «Über die Todesarten der Verfolger» («De Mortibus Persecutorum»), eine historische Studie, die unter anderem den ältesten Bericht über die Bekehrung Kaiser Konstantins zum christlichen Glauben enthält.

Mit der philosophischen Frage, ob (ein) Gott Gefühle haben könne, setzte er sich in seiner wohl bis über das Mittelalter hinaus berühmtesten Schrift auseinander, «De Ira Dei», «Über den Zorn Gottes».

Laktanz, der in der Renaissance wegen seines ausgefeilten lateinischen Stils der «christliche Cicero» genannt wurde, schuf sein bleibendes Meisterwerk mit seiner Religionslehre, den «Divinae Institutiones» («Göttlichen Unterweisungen»). Zwischen 311 und 324 in zwei Fassungen entstanden, ist sie die älteste Darstellung der christlichen Glaubenslehre in lateinischer Sprache.

Kurz nach 314 verfasste Laktanz eine komprimierte, zum Teil präzisierende Ausgabe der ersten Fassung, die «Epitome». Daraus zitieren wir unten einen entscheidenden Abschnitt. Auch in den beiden Ausgaben der Langfassung gibt es zahlreiche Belege für die Judenfeindschaft des Laktanz; in der «Epitome» ist das jedoch noch schärfer und gehässiger ausgedrückt.

Laktanz bedient sich des «Alten Testaments», um die Zerstörung Jerusalems und des Tempels und die Vertreibung der Juden aus ihren Stammlanden als prophezeite Strafe für ihren Ungehorsam gegen Gott zu deuten. Und er ist der erste Lateinisch schreibende Autor des Christentums, der die Juden im gleichen Atemzug zu alleinigen Mördern des Herrn Jesus Christus erklärt. Pilatus und die Römer sind nicht mehr verantwortlich oder wenigstens mitverantwortlich. Gegen die historische Wahrheit – nur die Römer durften die Strafe der Kreuzigung vollziehen – sind es hier die Juden ganz allein, die den Heiland ermordeten.

Damit ist Laktanz der erste Lateiner, der den Vorwurf des Melito von Sardes aufgreift (siehe oben), die Juden seien Gottesmörder. Zu diesem Zweck verfälscht er sogar, wie unten deutlich wird, ein Zitat aus dem Alten Testament.

Im Christentum des 4. Jahrhunderts gab es zwar durchaus ähnliche und aggressivere Stimmen; Laktanz allerdings muss hervorgehoben werden, da er einen direkten Zugang zum ersten dezidiert pro-christlichen Kaiser des Römischen Reichs hatte.

Lucius Caecilius Firmianus Lactantius (*Laktanz*), «Epitome divinarum institutionum» («Auszug aus den Göttlichen Unterweisungen»), 41,3–9

Gleichermaßen hatten sie [die Propheten] auch über das Kreuz Christi vorausgesagt: «Sie haben meine Hände und meine Füße durchbohrt. Ich [Im lateinischen Text steht: dinumeraverunt – also 3. Person Plural; in der Septuaginta jedoch, aus der das Zitat stammt, 1. Person Singular] habe alle meine Knochen gezählt: Sie selbst aber haben mich ruhig betrachtet und angeschaut, sie haben meine Kleider unter sich aufgeteilt und über mein Gewand das Los geworfen.»

In 5. Mose steht: «Und dein Leben wird vor deinen Augen vorüberziehen. Du wirst dich Tag und Nacht fürchten und dein Leben nicht für wahr halten.» Ebenso in 4. Mose: «Der Herr wird nicht wie ein Mensch aufgehängt, noch erduldet er wie der Menschensohn die Drohungen.» Vergleiche auch Sacharja: «Und sie werden mich ansehen, mich, den sie ans Kreuz geschlagen haben.»

Über die Sonnenfinsternis spricht Amos folgendermaßen: «An jenem Tag, so spricht der Herr, wird die Sonne am Mittag untergehen und das Tageslicht wird verfinstert: Ich werde eure Festtage in Trauer und eure Gesänge in Klagen umwandeln.»

So spricht auch Jeremia über die Stadt Jerusalem, in der er (Christus) litt: «Ihre Sonne ging unter am hellen Tag; ihr Ruhm und ihre Freude hatten ein Ende. Und was von ihnen übrig ist, will ich dem Schwert hingeben vor ihren Feinden» [Jeremia 15,9].

Und diese Worte wurden nicht vergeblich gesprochen, denn nach kurzer Zeit überwältigte Kaiser Vespasian die Juden, verwüstete ihr Land mit Feuer und Schwert, unterwarf die Belagerten durch Hunger, zerstörte Jerusalem, führte die Gefangenen im Triumphzug mit und verbot den Übriggeblie-

benen, dass sie in ihrem Lande lebten; niemals sollte ihnen die Rückkehr ins Vaterland gestattet werden.

Das alles kam von Gott, weil sie Christus gekreuzigt hatten. So hatte es zuvor auch Salomon in ihren eigenen Schriften bezeugt, als er sagte: «Und Israel wird ausgerottet aus dem Lande, das ich ihnen gegeben habe, und das Haus, das ich meinem Namen geheiligt habe, will ich verwerfen aus meinem Angesicht, und Israel soll zum Gespött und Hohn unter allen Völkern werden. Und dieses Haus wird zu einem Trümmerhaufen werden, so dass alle, die vorübergehen, sich entsetzen werden und höhnend fragen werden: Warum hat der Herr diesem Lande und diesem Hause das angetan?

Dann wird man antworten: Weil sie den Herrn, ihren Gott, verlassen haben [bis hierhin 1. Könige 9,7–9] und ihren König, den von Gott geliebten, verfolgt und gekreuzigt haben mit größter Erniedrigung: [ab hier wieder 1. Könige 9,9] darum hat der Herr diese Strafe über sie verhängt.» Wie hätten sie denn auch nicht solche Strafe verdient, sie, die den Herrn, der ihnen zum Heil gekommen war, ermordeten?

Laktanz, «Divinae Institutiones» («Göttliche Unterweisungen»), 4,18,5–10

Als er dies gehört hatte und jener zu seiner Verteidigung nichts sagte, machte Pilatus öffentlich bekannt, dass er in ihm nichts sehe, was einer Verurteilung würdig wäre. Aber jene maßlos ungerechten Ankläger begannen, zusammen mit dem Volk, das sie aufgewiegelt hatten, zu schreien und mit ungestümer Stimme dessen Tod am Kreuz zu fordern.

Darauf gab sich Pontius geschlagen: sowohl wegen deren Geschrei als auch auf Antrieb des Tetrarchen Herodes, der fürchtete, aus seinem Königreich vertrieben zu werden. Allerdings verkündete er auch dann nicht das Urteil selbst, sondern übergab ihn den Juden, dass sie ihn nach ihrem eigenen Gesetz richteten.

Diese führten den Ausgepeitschten also fort, und ehe sie ihn ans Kreuz schlugen, verspotteten sie ihn: Sie zogen ihm ein purpurfarbenes Kleid an, kränzten ihn mit Dornen und *grüßten ihn dann wie einen König. Als Speise gaben sie ihm Galle, als Trank mischten sie ihm Essig. Darauf spuckten sie ihm in sein Gesicht und schlugen ihn mit den Fäusten. Und als dieselben Henker mit seiner Kleidung liebäugelten, warfen sie untereinander um die Tunica und den Mantel das Los. Während das alles geschah, gab er keinen Laut von sich, gerade als wäre er stumm. Dann hängten sie ihn auf zwischen zwei Übeltätern, die wegen Räubereien verurteilt worden waren, und machten ihn am Kreuz fest ...*

Gaius Flavius Valerius Constantinus (Constantin I., Konstantin der Große), Osterfestbrief 325 nach Christus

Konstantin (272–337) hatte im Jahre 306 die Nachfolge seines Vaters Constantius als Augustus im Westreich angetreten, wurde 308 als Caesar bestätigt und übernahm mit dem Sieg über Maxentius in Rom (28. Oktober 312) die Herrschaft über den gesamten Westen.

Bereits in dieser Zeit hatte er sich pro-christlich geäußert, sicher auch von seinem Vater beeinflusst, der nach 289, spätestens nach der Eheschließung mit der Stiefmutter Konstantins, Theodora, eindeutig christenfreundlich wurde. 313 verabschiedeten Konstantin und Licinius, der Caesar des Ostens, eine Toleranzerklärung zu Gunsten der Christen; 314 berief er die Synode von Arles ein. 324 wurde Licinius von Konstantin in zwei Kriegen besiegt, noch im gleichen Jahr trat Konstantin die Herrschaft auch über den Osten des Reiches an.

In die darauf folgende Zeit fielen die wichtigsten seiner reichsweit wirkenden Religionsmaßnahmen, vor allem das Konzil von Nicäa (325). Konstantin verfolgte weder Heiden noch Juden aktiv, verbot aber die heidnischen Tempelkulte vor allem dort, wo sie – was damals häufig vorkam – mit Formen der Prostitution verbunden waren. Gegen Synagogen und jüdische

Gemeinden ging er nicht vor, ließ sogar – wenngleich finanziell nicht ganz uneigennützig – Juden in den Rat der Stadt Köln aufnehmen (321); von bestimmten Ämtern und Verpflichtungen wurden sie befreit, was einerseits als Entlastung galt, andererseits aber schon der erste Schritt auf dem Weg zum partiellen Berufsverbot war. Auf der anderen Seite beschränkte er ihre religiösen Entfaltungsmöglichkeiten.

Schon 315 untersagte er Christen den Übertritt zum Judentum und verbot den Juden zu missionieren. In dem erhaltenen Schriftstück werden die Juden als «feralis secta» («Verderben bringende Sekte») und «nefaria secta» («verruchte Sekte») bezeichnet.

335 untersagte Konstantin den Juden die Beschneidung christlicher und nichtchristlicher Sklaven, und etwa in diese Zeit gehört der Erlass, der Juden verbot, überhaupt Christen als Sklaven zu haben. Nicht zweifelsfrei gesichert ist ein erst lange nach dem Tod Konstantins ihm zugeschriebener Erlass, dass Juden ein einziges Mal im Jahr Jerusalem besuchen durften, und zwar am 9. Aw, dem Tag der Trauer über die Zerstörung des Tempels durch Titus. Formaljuristisch war das eine Lockerung des immer noch gültigen, von Hadrian eingeführten absoluten Verbots für Juden, Jerusalem überhaupt nur zu betreten. Es ist umstritten, ob es in Wirklichkeit eine Verschärfung war, denn möglicherweise hatte man nach Hadrian die Besuche der Juden in ihrer heiligen Stadt stillschweigend toleriert.

Trotz offener Fragen ist jedoch unbestritten, dass Konstantin persönlich kein Freund der Juden war und stark unter dem Einfluss seiner judenfeindlichen theologischen Berater stand. Seine Äußerungen und Erlasse haben zweifellos, auch wenn sie von anderen formuliert oder vorformuliert wurden, die Schwächung der politischen, sozialen, rechtlichen und religiösen Stellung der Juden im Römischen Reich maßgeblich beeinflusst und beschleunigt.

Dies wird auch aus unserem nachfolgenden Zitat deutlich, in dem neben anderen polemischen Formulierungen der Vorwurf des Gottesmordes durchklingt. Es ist einem Rundschreiben des Kaisers an die Kirchen entnommen, das er im Anschluss an das Konzil von Nicäa herausgab. Erhalten ist es auf Griechisch in der «Vita Constantini» seines Chronisten und Historikers Euseb, des Bischofs von Caesarea (3,17–20, hier 18). Es geht um die Frage, wann Christen Pascha/Passa feiern sollen. Unter Konstantins Einfluss wurde das Fest vom Sabbat (Freitag-Abend bis Samstag-Abend) auf den Tag der Auferstehung, den «Ostersonntag», verlegt.

Gaius Flavius Valerius Constantinus (Constantin I., Konstantin der Große), Osterfestbrief 325 nach Christus, Auszug

«Zu allererst schien es uns unwürdig zu sein, dieses hochheilige Fest [Passa/Ostern] so zu feiern, dass die Sitten der Juden befolgt werden, die ihre eigenen Hände beschmutzten durch einen gottlosen Irrtum und deswegen zu Recht als Verbrecher mit der Blindheit der Seele geschlagen sind. Allerdings steht es in unserer Macht, wenn wir ihre Sitten zurückweisen, dass wir in der wahren Ordnung, die wir vom ersten Passa bis heute befolgten, auch künftig feiern können. Nichts wollen wir mit dem feindlichen Volk der Juden gemeinsam haben. Denn wir haben von unserem Heiland einen anderen Weg empfangen; unserer höchstheiligen Religion liegt ein gesetzmäßiger und ehrenvoller Weg offen. Liebe Brüder, lasst ihn uns einmütig annehmen und uns dabei zurückziehen von ihrem [der Juden] schändlichen Brauch. Denn es ist doch widersinnig, dass sie sich rühmen können, wir seien nicht in der Lage, diese Dinge ohne ihre Anleitung zu feiern. Warum aber sollten sie zu einem richtigen Urteil fähig sein, sie, die nach jenem Mord am Herren und Vater den Verstand verloren und nicht mehr in vernünftigem Nachdenken, sondern mit ungezügelter Leidenschaft dorthin geführt werden, wo sie der Wahnsinn, der sie erfasst hat, hintreibt?»

Ambrosius, Brief an Kaiser Theodosius über die Zerstörung der Synagoge von Kallinikon (Callinicum)

Ambrosius (ca. 340–397) war der Sohn eines römischen Verwaltungsbeamten und wurde in Trier geboren. 374 wurde er Provinzstatthalter von Aemilia und Liguria. Im gleichen Jahr griff er in Wahlstreitigkeiten der Mailänder Kirche ein und wurde daraufhin gleich selbst zum Bischof gewählt. Kirchenpolitisch kämpfte er qeqen die Arianer; die endgültige Durchsetzung der Orthodoxie gelang erst unter Kaiser Theodosius, der sich 388 die unumstrittene Reichsherrschaft gesichert hatte.

Ambrosius war einer der bedeutendsten Vertreter der Glaubens- und Kirchenlehren, die auf dem Konzil von Nicäa beschlossen worden waren. Seine während der Kirchenbesetzung im arianischen Streit entstandenen Gemeindelieder schufen die Grundlage für einen neuen liturgischen Gesang. Seine theologischen Schriften, darunter «Über den Heiligen Geist», «Über die Sakramente» und «Über die Mysterien», gelten noch heute als Standardwerke.

Ambrosius war jedoch nicht nur Theologe, sondern als Bischof auch eine machtbewusste Persönlichkeit, die keineswegs die Vorrangstellung des Staates über die Kirche akzeptierte. Der Vorfall von Callinicum (dem heutigen Raqqa in Syrien) verschaffte ihm die Möglichkeit, seine Macht auf Kosten der Juden zu demonstrieren.

Die von Christen unter Anleitung des Bischofs niedergebrannte Synagoge wollte Theodosius wieder aufbauen lassen. Zugleich wollte er die schuldige Christengemeinde mit ihrem Ortsbischof bestrafen. Ambrosius, der davon erfuhr, verbot es ihm und drohte an, ihn von der Eucharistie (der Teilnahme am Abendmahl) auszuschließen. Theodosius gab nach, aber nur vorübergehend. Im Jahre 393 veröffentlichte er einen Erlass, der die Zerstörung von Synagogen verbot. Einige Forscher nehmen an, dass Theodosius es war, der auf den Trümmern der ersten Synagoge von Kapernaum mit kaiserlichen Mitteln die übergroße, prachtvolle Synagoge bauen ließ, deren Reste heute noch zu sehen sind.

Ambrosius war ein Verächter der Juden. Das zieht sich wie ein roter Faden durch zahlreiche Schriften. In «Über die Patriarchen» 2,9 weist er allein den Juden die Schuld an der Kreuzigung Jesu zu, an einer anderen Stelle verfälscht er sogar das Lukasevangelium, indem er behauptet, die Juden hätten Jesus am Kreuz den Essig gereicht («Auslegung des Evangeliums nach Lukas», 10,124). Auch das Gesetz Gottes will er ihnen wegnehmen: Da sie es nicht in der Gestalt Christi annahmen, besitzen sie es auch nicht («Auslegung des 118. Psalms», 18,36, mit einem Verweis auf Psalm 119,142).

Den Gipfel seines Judenhasses erreichte Ambrosius allerdings in den Briefen 40 und 41, in denen er gegenüber dem Kaiser (40) und seiner Schwester (41) zum Vorfall von Callinicum Stellung nimmt. Da der Brief an Theodosius das amtliche Schreiben war, zitieren wir daraus im Folgenden. Neben den traditionellen Klischees der Judenfeindschaft, zu denen auch hier wieder eine gegen sie benutzte Stelle aus dem Alten Testament gehört, schafft er neue Formen des Hasses, die lange nachwirkten. Und dadurch, dass er sich als Bischof symbolisch selbst zu dem erklärt, der die Synagoge niederbrannte, und bedauert, die Synagoge von Mailand (die offenbar ohne Fremdeingreifen in Flammen aufging) nicht eigenhändig in Brand gesetzt zu haben, formulierte er einen Freibrief für das Zerstören jüdischer Stätten im christlichen Abendland. Die wohl brutalste seiner Formulierungen eines aggressiven, auch zu Sach- und Personenvernichtung hinführenden Judenhasses steht in Kapitel 23 seines Briefs an den Kaiser: «Was hat der Fromme mit dem Ungläubigen gemeinsam? Mit dem Gottlosen müssen auch die Beweisstücke der Gottlosigkeit vernichtet werden» («Abolenda cum impio sunt etiam impietatis exempla»).

Ambrosius, Brief an Kaiser Theodosius über die Zerstörung der Synagoge von Kallinikon (Callinicum), Brief 40,8–10 (Auszüge); 14.

Ich erkläre, dass ich die Synagoge in Brand steckte, dass ich sie [die Christen des Ortes] sicherlich dazu aufrief, es zu tun, damit es keinen Ort gibt, an dem Christus geleugnet wird. Wenn man mich fragt, warum ich nicht hier [in Mailand] die Synagoge niedergebrannt habe, so ist die Antwort: Die Flammen hatten durch Gottes eigenen Ratschluss bereits begonnen, sie anzugreifen; ich hatte gar nichts mehr zu tun ... So soll den ungläubigen Juden ein Ort errichtet werden aus der Beute, die sie bei der Kirche gemacht haben, soll der Grundbesitz, der durch die Gunst Christi für Christen erworben wurde, den Weihegaben der Ungläubigen übertragen werden? Wir lesen, dass alte Tempel für Götzenbilder aus der Kriegsbeute der Kimbern und dem Raub anderer Feinde errichtet wurden. Die Juden werden diese Inschrift an der Fassade ihrer Synagoge anbringen: «Tempel der Gottlosigkeit, erbaut aus der bei Christen gemachten Beute.» ... Aber, Herr, dir geht es um die Bewahrung der Ordnung. Was ist wichtiger, die sichtbar gemachte Ordnung oder die Angelegenheit der Religion? Die Strafmaßnahme muss der Frömmigkeit weichen. Hast du nicht gehört, Herr: Als [Kaiser] Julian [«Apostata»] den Befehl zum Wiederaufbau des Tempels [in Jerusalem] gab, wurden die beiden Männer, die die Stätte vom Schutt räumten, durch ein himmlisches Feuer verbrannt. Willst du nicht aufpassen, dass es nicht wieder geschieht? Dass Julian den Auftrag gab, müsste für dich Grund genug sein, keinen solchen Befehl zu erteilen ... Das Niederbrennen eines einzigen Gebäudes rechtfertigt keine so weit reichende Aufregung wie die Bestrafung eines Volkes [der Christen in Callinicum], umso weniger, als das eine Synagoge war, die verbrannt wurde, ein Ort des Unglaubens, eine Heimstätte der Gottlosigkeit, ein Schlupfwinkel des Wahnsinns, von Gott selbst verdammt. Denn so lesen wir, was unser Herrgott aus dem Munde des Jeremia sagt: «Deshalb werde ich mit dem Haus, über dem mein Name ausgerufen ist und auf das ihr euch verlasst, und mit der Stätte, die ich euch und euren Vätern gegeben habe, so verfahren, wie ich mit Silo verfuhr. Ich will euch von meinem Angesicht verstoßen, wie ich alle eure Brüder, das ganze Geschlecht Ephraim, verstoßen habe. Du aber sollst für dieses Volk nicht bitten und sollst für sie weder Klage noch Gebet vorbringen und sie auch nicht vor mir vertreten, denn ich will dich nicht hören. Siehst du nicht, was sie in den Städten Judas treiben?» [Jeremia 7,14–17] Gott verbietet, für jene zu bitten, die du rächen willst.

Johannes Chrysostomus, «Homiliae adversus Iudaeos» («Predigten gegen die Juden»)

Johannes Chrysostomus (ca. 349–407) galt als einer der herausragenden Redner seiner Zeit; dies trug ihm den Beinamen «Goldmund» (griechisch «Chrysostomos») ein. Er war Sohn eines römischen Offiziers und stammte aus dem syrischen Antiochien, studierte unter anderem bei dem anti-christlichen Rhetor und Philosophen Libanius, bekehrte sich aber zum Christentum und wurde Anhänger des umstrittenen Bischofs Meletius, der ihn 368 taufte.

Johannes lebte zeitweise als asketischer Mönch und lernte die Bibel auswendig – allerdings in griechischer Sprache: Hebräisch- oder Lateinkenntnisse erwarb er nie. 386 wurde er zum Presbyter geweiht, 398 zum Bischof von Konstantinopel. Vor allem in den folgenden Jahren zeigte er sich als herausragender Organisator, öffentlicher Redner und Autor. Zu Recht gilt er als bahnbrechender Erneuerer der Gemeindestruktur, des Sozialwesens und der Gottesdienste in der Hauptstadt.

Aufgrund innerkirchlicher Kontroversen, Auseinandersetzungen mit dem Kaiserhaus und mit Hilfe von Intrigen kam es 403 zu seiner Absetzung und Verbannung. Kurzfristig zurückgerufen, wurde er 404 von Kaiser Arcadius endgültig ins Exil geschickt.

Erhalten sind siebzehn theologische Abhandlungen und Kommentare, über 700 Predigten («Homilien») und 241 Briefe. Unter den Predigten befinden sich auch acht gegen die Juden, die eine extreme Form des Judenhasses zeigen, weit über das bis dahin aus anderen Quellen Belegte. Sie sind auch deswegen so wichtig, weil dieser Autor einen kaum mit anderen Autoren des griechischen Ostens vergleichbaren Nachruhm hatte und weil gerade er, anders als die meisten griechischen Theologen des Ostens, noch Jahrhunderte nach seinem Tod auch im Westen höchste Anerkennung genoss. Papst Innozenz I. hatte 412 seine Rehabilitierung herbeigeführt; seit 1626 befinden sich seine Gebeine im Petersdom.

In seiner antijüdischen Polemik benutzt er vertraute Klischees, verfällt aber auch auf neue Ideen, so zum Beispiel den Vorwurf, die jüdischen Fastenbräuche seien schlimmer als jede Form der Trunksucht, und die «Posaunen», die von Juden dabei verwendet werden, seien von mehr Verbrechen befleckt als die Posaunen im griechischen Volkstheater, während die Zelte, in denen sich Juden versammelten, nichts anderes seien als die Absteigen für Huren und Flötenspielerinnen («Gegen die Juden» 7,1). Schließlich erklärt er: «Auch völlig Verrückten» müsse doch klar sein, dass «ihr Juden eine solche Strafe [Zerstörung des Tempels und Vertreibung in alle Welt] zu erleiden habt, weil ihr euch gegen den Heiland und Retter der Welt vergangen habt» («Gegen die Juden» 6,3).

Man erkennt auch einiges von dem wieder, was kurz zuvor im Westen der Mailänder Bischof Ambrosius in seiner Rechtfertigung der Zerstörung der Synagoge von Callinicum sagte: Die Synagogen sind in den Augen des «Chrysostomus» die Stätten, wo man Gotteslästerung betreibt und wo sich die Mörder Christi versammeln («Gegen die Juden» 1,6; 6,6).

Johannes Chrysostomus, Homiliae adversus Iudaeos («Predigten gegen die Juden»), 6,2; 7,1

... Jude, weilst du etwa wegen deiner Sünde so lange außerhalb Jerusalems? Was ist daran neu und sonderbar? Denn: Lebt ihr etwa nur jetzt in euren Sünden, von alters her aber in

Recht und Ordnung? Seid ihr nicht schon von Anfang an und seit jeher mit unzähligen Gesetzeswidrigkeiten umgegangen? Hat euch nicht schon der Prophet Hesekiel unzählige Male getadelt, als ihr die beiden Huren eingeführt habt, Ola und Oliba? Er sprach: «Ein Bordell habt ihr in Ägypten gebaut! Auf die Barbaren seid ihr geil gewesen! Und ihr habt die fremden Götter verehrt!» Noch weiter?

Als das Meer geteilt wurde, als Felsen zerbrochen wurden, als so große Wunder geschahen in der Wüste – habt ihr da nicht ein Kalb angebetet? Habt ihr nicht oft versucht, bald Steine werfend, bald misshandelnd und auf unzählige andere Arten und Weisen, Mose zu töten? Habt ihr nicht fortwährend gegen Gott gelästert? Seid ihr nicht in die Mysterien des Beelphegor eingeweiht worden? Habt ihr nicht für die Dämonen eure Söhne und Töchter geschlachtet? Habt ihr nicht jegliche Gestalt von Gottlosigkeit und Sünde an den Tag gelegt? Sagt nicht der Prophet in der Eigenschaft Gottes: «Vierzig Jahre lang habe ich gezürnt über dieses Volk und habe gesprochen: Immer irren sie in ihrem Herzen!»? Wie kommt es also, dass sich Gott damals nicht von euch abgewendet hat? Mehr noch: Nach Kindermord, nach Götzendienst, nach viel Unverstand, nach unsäglicher Undankbarkeit hat er sogar noch zugelassen, dass ein Prophet unter euch ist, der große Mose, und hat erstaunliche und wunderbare Zeichen getan.

Und was bei keinen Menschen geschehen ist, hat sich bei euch ereignet: Anstelle eines Daches hat sich eine Wolke über euch ausgebreitet, anstelle einer Fackel hat euch eine Feuersäule den Weg gezeigt, und die Feinde sind von selbst beiseite gegangen, die Städte gleich beim ersten Kampfgeschrei eingenommen worden. Ihr habt keine Waffen gebraucht, keine Schlachtreihe, keinen Kampf, nein, ihr habt nur die Posaune geblasen, und schon stürzten die Mauern von selbst ein. Nahrung war für euch reichlich vorhanden, ungewöhnliche und wunderbare Nahrung. «Himmelsbrot hat er ihnen gegeben!» so der Prophet. «Ein Mensch aß das Brot der Engel! Verpflegung in Hülle und Fülle hat er ihnen geschickt!»

So sag mir nun: Warum habt ihr damals, als ihr Gott verachtet, Götzendienst getrieben, Kindermord begangen, die Propheten gesteinigt und unzählige schreckliche Dinge getan habt, solches Wohlwollen genossen, solche Zuwendung von Gott?

Und jetzt, wo ihr keinen Götzendienst treibt, keine Kinder tötet, keine Propheten steinigt, verbringt ihr euer Leben fortwährend in Gefangenschaft? War Gott damals etwa ein anderer als heute? Ist er nicht derselbe, der damals jenes lenkte und jetzt dieses tut? Sag mir, warum war, als eure Sünden schwerer wogen, Gottes Wertschätzung euch gegenüber größer; jetzt aber, wo ihr euch weniger schwer vergeht, hat er sich vollkommen abgewandt und euch für immer der Schande preisgegeben? Denn: Wenn er sich jetzt wegen eurer Sünden von euch abwendet, wäre es damals doch noch viel nötiger gewesen; wenn er es aber damals erduldet hat, als ihr gottlos wart, dann müsste er es jetzt doch eigentlich umso eher erdulden, wo ihr nichts dergleichen wagt! Warum also erduldete er es nicht?

Wenn ihr euch schämt, den Grund zu sagen, so werde ich das ganz offen tun. Genauer genommen eigentlich nicht einmal ich selbst, sondern die Wahrheit der ganzen Situation: Weil ihr Christus getötet habt, weil ihr eure Hände gegen den Herrn ausgestreckt habt, weil ihr sein wertvolles Blut vergossen habt, gibt es für euch keine Gelegenheit mehr zur Wiedergutmachung, keine Gnade mehr, keine Rechtfertigung mehr. Damals nämlich richtete sich eure Verwegenheit gegen seine Knechte, gegen Mose, gegen Jesaja, gegen Jeremia. Auch wenn damals Gottloses geschah, hat eure Verwegenheit doch noch nicht den Gipfelpunkt aller Bosheit erreicht. Jetzt aber habt ihr alles, was früher so geschehen ist, weit in den Schatten gestellt: In eurem Wahn gegen Christus habt ihr unter keinen Umständen auch nur irgendeinen Höhepunkt an Gesetzlosigkeit ausgelassen. Deshalb werdet ihr jetzt schärfer bestraft.

Indes: Wenn dies nicht der Grund eurer gegenwärtigen Schande ist, warum hat dann Gott damals euren Kindermord erduldet, wendet sich jetzt aber, wo ihr nichts Vergleichbares wagt, ab? Dadurch, dass ihr Christus getötet habt, habt ihr also ganz offensichtlich etwas viel Übleres und Schlimmeres getan als Kindermord und jede Gesetzlosigkeit.

Habt ihr genug vom Kampf mit den Juden? Oder wollt ihr, dass wir heute wieder dasselbe Thema behandeln? Denn wenn auch vieles früher schon gesagt wurde, glaube ich dennoch, dass ihr wieder über die gleiche Sache zu hören begehrt. Wem nämlich die Liebe zu Christus nie zu viel wird, wird auch der Kampf gegen alle, die ihn hassen, nie zu viel. Und außerdem haben wir diese Rede auch sonst nötig: Es sind nämlich noch Spuren/ Überreste jüdischer Feste vorhanden. Aber gerade wie ihre Trompeten viel verbrecherischer waren als die in den Theatern und das Fasten schändlicher als Trunkenheit und jedes Gelage, so sind auch die Zelte, die jetzt bei ihnen festgemacht werden, um nichts besser als die Kneipen mit ihren Huren und Flöten- spielerinnen.

Und dass niemand die Verwegenheit dieser Rede verurteile! Denn äußerste Verwegenheit und Gesetzlosigkeit wäre es, die Juden nicht mit Argwohn zu betrachten. Wo sie doch mit Gott streiten und dem Heiligen Geist widerstehen, wie sollte man da nicht zu einem solchen Urteil kommen? Einst war dieses Fest ehrenhaft, als es nach dem Gesetz und auf Gottes Gebot hin geschah, jetzt aber nicht mehr. Denn seine Würde ist völlig dahin, so wie es gegen Gottes Willen geschieht. Und die, welche am meisten gegen das Gesetz und die alten Feste freveln, die sind es, die sie jetzt offenbar von allen am meisten feiern wollen. Die hingegen, die das Gesetz am meisten achten – nämlich wir –, lassen es ruhen, wie einen alt gewordenen Menschen: Wir schleppen es nicht auf den Kampfplatz nach dem Greisenalter und zwingen es zu Unzeit zum Wettkampf.

Aurelius Augustinus, «Traktat gegen die Juden»

Aurelius Augustinus (354–430) stammte aus Thagaste, dem heutigen Souk Ahras in Algerien. Er war philosophisch gebildet, von Cicero und den Neuplatonikern geprägt, ehe er in einer schwer errungenen Bekehrung – von der er selbst in einem der großartigsten Werke der abendländischen Literatur, seinen «Confessiones» («Bekenntnissen»), berichtet – zum Christentum fand und 387 von Ambrosius in Mailand getauft wurde.

Er wurde Priester und ab 398 Bischof von Hippo, dem heutigen Bone in Algerien. Dort erwies er sich als mutiger, Kontroversen nicht scheuender Kirchenführer und verfasste Schriften, die das christliche Abendland entscheidend prägten. Er war zweifellos der einflussreichste unter allen lateinischen Kirchenlehrern der Spätantike.

Sein Hauptwerk, «De Civitate Dei» («Über den Gottesstaat»), entstand nach der Eroberung Roms durch die ebenfalls christlichen arianischen Westgoten 410 nach Christus, der ersten großen «Sinnkrise» des Römischen Reichs seit Augustus. Auch dieses Werk enthält antijüdische Spitzen, darunter die bekannte Tatsachenverfälschung, allein die Juden hätten Jesus getötet (5,18), sie seien als Mörder Christi bestraft, «mit der Wurzel ausgerottet und durch alle Länder verstreut» worden (18,46).

Seine Glaubenslehre wurde vor allem durch «De Trinitate» («Über die Dreieinigkeit») nahezu verbindlich bis ins hohe Mittelalter. Über 500 erhaltene Predigten und eine 270 Briefe umfassende Korrespondenz haben über Jahrhunderte, und teils noch bis heute, kirchliche Praxis, Homiletik und Seelsorge beeinflusst. Über Luther, der Augustinermönch war, wirkten seine Lehren und Thesen bis in die Reformationszeit nach.

Vor diesem bewundernswerten Hintergrund wirkt sein ausgeprägter Judenhass, der in verschiedenen Schriften kaum verhohlen zum Vorschein kommt, umso erschütternder. Teilweise stand er hier in der Nachfolge seines Lehrers Ambrosius und anderer lateinischer Autoren (Augustinus las kaum Griechisch).

Die Technik der Manipulation alttestamentlicher Aussagen zum Schaden der Juden seiner Zeit perfektionierte er virtuos, wie wir in dem nachfolgenden Zitat aus seiner polemischsten Streitschrift sehen werden, dem Traktakt «Gegen die Juden», das 429 entstand und in Form einer Predigt geschrieben ist. Aber es war auch Augustinus, der im «Gottesstaat» (18,46) die Vertreibung der Juden unter die Völker zum Beweis für die Ablösung der Gnade machte, die nun auf den Christen ruhe. Krasseste Formulierungen scheute er nicht, konnte die Juden «hochgewühlten Schmutz» und «triefäugiges Pack» nennen und wurde nur dann etwas milder, wenn er erklärte, dass die innerchristlichen Häretiker eigentlich noch viel schlimmer wären als die Juden.

Man hat Augustinus gegen den Vorwurf des «Antisemitismus» gelegentlich mit dem Hinweis verteidigt, dass er auf jüdische Vorwürfe antwortet. Denn in der Tat wurde den Christen von Juden vorgehalten, sie würden sich ständig auf das «Alte Testament» beziehen, den größten Teil der darin enthaltenen Weisungen aber ignorieren. Dieser Vorwurf steht auch hinter dem Auszug, den wir unten zitieren. Das mag erklären, wogegen er sich wendet, darf aber nicht zu einer Freisprechung vom Vorwurf des Judenhasses missbraucht werden.

Auch die Stellen, an denen Augustinus zu differenzieren versucht, fallen nicht wirklich ins Gewicht. So hält er einmal jene Juden, die sich in allem vollständig an ihr Gesetz halten, für nicht von Gott verstoßen (in der Predigt «De duobus filiis», «Über die zwei Söhne», zu Lukas 15,11–32). Für Augustinus hatten die Juden jeden Wert in der Heilsgeschichte verloren. Er gab sie zwar nicht, wie Ambrosius, zur ungestraften Verfolgung frei und hieß auch nicht wie jener die Zerstörung von Synagogen gut. Er geiferte auch nicht in überschäumendem Hass wie sein Griechisch schreibender Zeitgenosse Johannes Chrysostomus. Doch da sein Einfluss auf die Kirchengeschichte in diesem Punkt ungleich größer war als der seines Lehrers und man ihm nicht zugute halten kann, er sei missverstanden worden, muss dieser Makel seines Charakters und seiner Lehre offen ausgesprochen werden.

Aurelius Augustinus, «Tractatus adversus Iudaeos» («Traktat gegen die Juden»), 10.

Geht nun, oh Israeliten, nach dem Fleisch, nicht nach dem Geist, geht nun und widersprecht doch dieser so offensichtlichen Wahrheit. Und wenn ihr hört: «Kommt, lasst uns auf den Berg des Herrn steigen und zum Hause des Gottes Jakobs gehen» [Jesaja 2,3], sagt da: «Wir sind es», damit ihr wie Blinde gegen den Berg rennt, wo ihr euch euer Gesicht zerschmettert und eure Stirn zerbrochen wird. Wenn ihr wahrheitsgemäß sagen wollt: «Wir sind es», so sagt es dort, wo ihr hört: «Für die Sünden meines Volkes ist er zum Tode geführt worden» [Jesaja 53,8]. Das ist nämlich von Christus gesagt, den ihr in euren Eltern zum Tode geführt habt und der wie ein Lamm zur Opferung geführt wurde, damit ihr das Passa, das ihr ohne Einsicht feiert, als Einsichtslose durch euer Toben erfüllt. Wenn ihr wahrheitsgemäß sagen wollt: «Wir sind es», dann sagt es, wenn ihr hört: «Verstocke das Herz dieses Volkes, und verhärte ihre Ohren und blende ihre Augen» [Jesaja 6,10]. Sagt dann: «Wir sind es», wenn ihr hört: «Den ganzen Tag habe ich meine Hände nach einem ungläubigen und widerspenstigen Volk ausgestreckt» [Jesaja 65,2]. Sagt dann: «Wir sind es», wenn ihr hört: «Ihre Augen sollen verdunkelt werden, und ihre Rücken seien auf immer gebeugt» [Psalm 69,24]. Bei diesen und ähnlichen Prophetenstimmen sagt: «Wir sind es», wo ihr es ohne Zweifel seid. Aber ihr seid so blind, dass ihr behauptet, es zu sein, wo ihr es nicht seid, und euch nicht erkennt, wo ihr es seid.

Sokrates von Konstantinopel, «Kirchengeschichte»

Sokrates (ca. 382 – ca. 440) lebte als Rechtsanwalt in Konstantinopel. Seine um 390 entstandene Kirchengeschichte ist das einzige wesentliche Werk der östlichen Kirche, das von einem «Laien» verfasst wurde, denn Sokrates war weder Theologe noch Priester. Seine erklärte Absicht war es, die Kirchengeschichte des Euseb von Caesarea bis in die eigene Zeit fortzuführen.

Während er selbst der offiziellen kirchlichen Lehre folgte, hatte er theologische Berater, die vom Rande der Kirche kamen, darunter Anhänger des Arius und des Novatian. So lässt sich sagen, dass Sokrates für die «Amtskirche» nicht repräsentativ war. Dennoch wurde er viel gelesen und nicht zuletzt deswegen hoch geschätzt, weil er seine Quellen nicht unkritisch übernahm, sondern sorgfältig befragte und vor allem auch immer wieder wörtlich zitierte. Er gilt daher auch unter heutigen Historikern als weithin glaubwürdiger Berichterstatter und Kommentator für den Zeitraum zwischen 305 und 439, den er behandelt. Schon in der Spätantike und noch bis ins 14. Jahrhundert fand er viele Nachahmer und Plagiatoren. Auch verschiedene Übersetzungen ins Lateinische, Armenische und Altsyrische belegen seine Popularität.

Sokrates war kein aktiver Judenhasser, er hebt sich im Gegenteil vom antijüdischen Klima der Reichshauptstadt Konstantinopel und des östlichen Christentums wohltuend ab. Dennoch berichtet er immer dort, wo er auf antijüdische Vorfälle eingeht, ohne jede Distanz und kommt nie auf den Gedanken, die Juden gegen unsinnige Vorwürfe zu verteidigen. So etwa da, wo er eine Vertreibung der Juden aus Alexandria als Reaktion auf einen angeblichen Überfall auf die christliche Gemeinde wiedergibt, oder dort, wo er berichtet, wie Juden sich gleich mehrmals taufen ließen, um dafür Geld zu erhalten, oder wie ein vertriebener jüdischer Arzt nach seiner Taufe wieder nach Alexandria zurückkehren durfte.

Ohne selbst antijüdische Positionen zu formulieren, stand er den Juden zweifellos sehr kritisch gegenüber. In diesen Zusammenhang gehört auch unser nachfolgendes Zitat. Offenbar von der Richtigkeit des Dargestellten überzeugt, bietet Sokrates hier den ersten frühchristlichen Beleg für ein später immer wieder auftauchendes Motiv des oft mörderischen Judenhasses, die angebliche Ermordung und Kreuzigung eines christlichen Jungen am Purimfest.

Zu Purim wird eine Puppe, die den im Buch Esther beschriebenen persischen Wesir Haman darstellte (der nach der von Esther und Mordechai bewirkten Aufdeckung seiner verräterischen Machenschaften von Ahasveros/Xerxes an einen Galgen gehängt wurde, Esther 7,10), meist mit ausgestreckten Armen gezeigt. Christliche Beobachter sahen darin in mutwilliger Missachtung der Esther-Geschichte eine Verspottung der Kreuzigung. So kam dann auch die Legende auf, Juden hätten statt einer Puppe ein Christenkind «gekreuzigt».

Noch bis ins Spätmittelalter führten solche Lügengeschichten zu lokalen Verfolgungen und Pogromen. Möglicherweise bezieht sich auch der «Codex Theodosianus» in einem Erlass vom 29. Mai 408 auf solche Vorfälle. Dort wird Juden untersagt, durch den Purim-Brauch des Kreuzigens und Verbrennens der Haman-Puppe Christen zu verspotten («Codex Theodosianus» 16,8,18; vgl. «Codex Justinianus» 1,9,10).

Sokrates von Konstantinopel, Kirchengeschichte 7,16 (= PG 67,769)

Nur wenig später aber, nachdem die Juden wieder etwas Unziemliches gegen die Christen getan hatten, wurden sie bestraft:

In Imnestar (so heißt der Ort zwischen Chalkis und Antiochia in Syrien) feierten die Juden in gewohnter Weise ein Fest zu ihrer eigenen Ehre.

Während des Spielens und Tanzens taten sie viel Unvernünftiges: Durch den Rausch außer sich, verspotteten sie an ihrem Fest die Christen und Christus selbst. Sie verlachten das Kreuz und die, die ihre Hoffnung auf den Gekreuzigten setzen. Außerdem ersannen sie Folgendes:

Sie nahmen einen christlichen Jungen, banden ihn an ein Kreuz und hängten ihn auf. Zuerst trieben sie ihren Spott und Hohn mit ihm, aber schon nach kurzer Zeit, völlig von Sinnen, marterten sie ihn, damit er auch sterbe.

Darauf entstand ein schlimmes Handgemenge zwischen ihnen und den Christen. Als dieses Ereignis aber den Herrschern bekannt wurde, veranlassten sie die örtliche Behörde, die Schuldigen aufzuspüren und zu bestrafen. Und so wurden die Juden dort für ihre Untaten während des Festes bestraft.

5. Kapitel

Als Anhang:
Judenfeindschaft im Koran

Der Koran

Nach islamischer Lehre handelt es sich bei den 114 Suren des Koran um Offenbarungen, die im ersten Drittel des 7. Jahrhunderts nach Christus an den Propheten Mohammed (Muhammad) ergingen. Schriftlich festgelegt wurden sie kurz nach seinem Tod (8. Juni 632) unter dem Kalifen Uthman; in dieser Form sind sie von allen Muslimen als verbindlich anerkannt.

Juden und Christen werden im Koran in vielen Suren erwähnt, meist getrennt, mitunter auch gemeinsam als «Leute des Buches» oder als «Ungläubige». Mohammed war ihnen früh persönlich begegnet, denn vor allem in Medina und Haibar gab es große jüdische Bevölkerungsgruppen. Möglicherweise war die durch solche Nachbarschaften bekannte Erwartung eines Messias bzw., bei den Christen, seines Wiederkommens und des Kommens eines «Parakleten» (Trösters oder Beistands, im Evangelium von Jesus identifiziert als Heiliger Geist, Johannes 14,16–17; 14,26) hilfreich bei der Einstimmung der Araber auf das Erscheinen eines Gesandten Gottes und Propheten. Jedenfalls setzt der Koran voraus, dass die Muslime mit Juden und Christen gemeinsam Schriftbesitzer sind und sich darin von den umliegenden arabischen Stämmen unterschieden, die der Vielgötterei anhingen. Dennoch trennt der Koran auch hier scharf und lehnt spezifische Lehren und historische Aussagen des Alten und Neuen Testaments ab. Die Abrahamsgeschichte wird ebenso verändert wie beispielsweise die Passionsgeschichte Jesu und die neutestamentliche Lehre, dass Jesus der auferstandene Sohn Gottes ist.

In den unten wiedergegebenen Suren-Abschnitten, die nicht auf Vollständigkeit abzielen, sondern nur jene Aussagen bieten, die in unmissverständlicher Deutlichkeit den vernichtenden Hass gegen die Juden predigen, finden wir für diese Eingriffe in den biblischen Text ein Beispiel in Sure 9,29: Die Juden sagten, Esra sei der Sohn Allahs. Auch wenn wir für das arabische Wort Allah das hebräische JHWH einsetzen, ist dies eine Aussage, die an keiner Stelle zu belegen ist.

Wissenschaftler, die den chronologischen Werdegang der Suren zu rekonstruieren versuchen, meinen, eine Entwicklung des Verhältnisses gegenüber den Juden feststellen zu können: Die anfängliche Anerkennung der Auserwähltheit des Volkes Israel vor anderen Völkern sei in dem Maße der aggressiven Feindschaft gewichen, in dem die Juden sich nicht auf die Seite Mohammeds schlugen, sondern bei ihrem Glauben blieben, den Koran ablehnten und dessen Gebote ignorierten. Vor allem die Auseinandersetzung zwischen Mohammed und der großen jüdischen Gemeinde von Medina dürfte den Wendepunkt markieren. Dies zu untersuchen, kann nicht die Aufgabe unseres Buches sein. Immerhin zeigen auch die nachfolgenden Zitate, dass es Abstufungen gibt zwischen der scharfen Zurückweisung jüdischer Positionen mit Worten und der Aufforderung zur Tat, gegen die Juden mit aller Brutalität vorzugehen.

Wir wissen durchaus, dass es schon im Mittelalter und vor allem heute im inter-religiösen Dialog muslimische Richtungen und Denkschulen gibt, in denen die jeweils gleichen Koran-Verse anders ausgelegt werden. Auch die zum Teil abschwächenden bzw. relativierenden Details in der vom Islamischen Weltkongress approbierten Übersetzung von Adel Theodor Khoury und Mohammad Salim Abdullah lassen das sichtbar werden. Wir wollen das nur konstatieren, ohne es zu beurteilen. Auch in der aktuellen Debatte über den islamischen «Fundamentalismus» wird regelmäßig unter muslimischen Auslegern darüber debat-

tiert, wie eine Stelle eigentlich gemeint ist oder – falls überhaupt – unmissverständlich in andere Sprachen übertragen
werden darf. Doch selbst die großzügigste Auslegung, etwa
durch westlich integrierte Koran-Forscher, kann den harten
Kern der unten wiedergegebenen Texte nicht relativieren.

Nehmen wir als Beispiel den Abschnitt 32–34 aus Sure 5:
Juden, die sich den Verkündigern der muslimischen Botschaft
widersetzen, wird die Verstümmelung und die Hinrichtung
angekündigt, wobei ausdrücklich die Kreuzigungsstrafe als
eine besondere Form der Erniedrigung genannt wird. Und
dass dies nicht symbolisch zu verstehen ist, folgt bereits
daraus, dass dies ja «nur» die irdische Strafe für die Juden
sei. Im Jenseits werde Allah weiterhin mit großer Strafe (oder
anders übersetzt: «mit gewaltiger Pein») gegen die Juden
vorgehen.

Dass dieser Allah nicht der Gott der Juden und Christen ist,
dürfte nicht nur wegen solcher Äußerungen kaum zu bestreiten sein. Auch in den dunkelsten Momenten der Strafandro-
hung des biblischen Gottes an sein Volk werden solche sadis-
tischen Maßnahmen nicht einmal andeutungsweise verkündet.
Selbst das Volk, das seinen Gott verlässt und (wie etwa in Jesaja
65,2, dem Text, mit dem wir unsere Einleitung zu diesem Buch
begannen) von ihm verurteilt wird, wird nicht verstoßen.
Daran hält zweifelsfrei auch das Neue Testament fest, in dem
die Mitjuden, die sich dem Propheten und Messias Jesus nicht
anschlossen, keineswegs aus der Gemeinschaft des einen Gottes
verstoßen werden. Anders gesagt, Mohammed und der Koran
schaffen einen neuen Gott: einen Gott, der an den Juden Rache
übt (man vergleiche dazu auch unten Sure 47,4–6). Um dies
auch sprachlich deutlich zu machen, haben wir uns hier nicht
der Khoury-Übersetzung angeschlossen, die statt «Allah» stets
«Gott» schreibt.

Es ist aus christlicher Sicht erschreckend, dass ein klassisches
Motiv des mittelalterlichen und neuzeitlichen Judenhasses im
Koran so unmissverständlich ausgeprägt ist: Die Juden nehmen

Wucherzins, beuten andere aus und betrügen sie um ihr Einkommen. Wenn sich hier der Koran und die (pseudo-)christliche Feindschaft gegen die Juden in der Gesellschaft einig sind, so gibt es doch einen Unterschied, auf den wir bereits in der Einleitung hinwiesen: Im Vergleich der Quellen sind Neues Testament und Koran aneinander zu messen, nicht spätere christliche Schriften und Koran. Denn für das christliche Selbstverständnis ist allein das Neue Testament normativ, so wie es für den Islam der Koran ist. Anders gesagt: Wer die nach-neutestamentliche Judenfeindschaft literarisch belegt, stellt solche Belege nicht auf eine Stufe mit dem Neuen Testament und darf sie folglich auch nicht auf eine religionsgeschichtliche Stufe mit dem Koran stellen. Der Judenhass des Koran ist nicht dadurch zu relativieren, dass es im späteren Christentum ähnliche Gedanken und Handlungen gibt.

Die Aufarbeitung solcher Aspekte muss auch in der Öffentlichkeit ohne falsche Rhetorik durchgeführt werden. Und gerade wenn Juden und Christen trotz oder sogar wegen solcher Vorgaben des Koran fragen, wie ernst es dem Islam mit seiner Friedensbereitschaft nicht nur sein kann, sondern sein *darf*, dann dürfen die Augen auch nicht vor der unten zitierten Sure 5,51 verschlossen werden, in der – jedenfalls im Sinne einer bleibenden Verbindlichkeit des Koran – die aufrichtige Zusammenarbeit («Freundschaft») mit Juden und Christen ausdrücklich untersagt ist.

In diesem Buch geht es ja nicht darum, in einer Zeit des dringend notwendigen Dialogs Feindbilder künstlich aufzubauen. Doch ebenso wenig dürfen wir um der politischen Korrektheit willen verschweigen, was die Quellentexte der verbindlichen Schriften sagen.

Es wird also zu den entscheidenden Fragen gehören, ob die Aufforderung zur Folterung und Tötung der Juden und das Aussprechen von Allahs Fluch über sie nicht oder nicht mehr verbindlich sind – und falls Letzteres zutrifft: mit welcher Lehrautorität das beschlossen wurde oder wird.

Auch hier darf nicht relativiert werden: Die alttestamentlichen Passagen, in denen auch unter Berufung auf Gott Vernichtungsmaßnahmen gegen andere Stämme oder Völkerschaften eingefordert werden, sind zum einen – hier herrscht Einigkeit unter den Auslegern – zeitlich eingegrenzt (was sie für die Zeit der Gültigkeit sicher nicht harmloser macht) und richten sich zum anderen gegen keine noch heute existierende Volksgruppe oder Religion. Das ist nach den Regeln der Logik folglich nicht gleichzusetzen mit den Rache- und Verfolgungsaufforderungen des Koran, die sich gegen Juden, aber auch gegen Christen wenden. Hier wird künftig präziser definiert und formuliert werden müssen. In diesem Buch können wir nur die Fragen ansprechen, ohne den Anspruch auf gültige Antworten zu erheben. Die nachfolgenden Zitate müssen als eine Grundlage für den kommenden Dialog ernst genommen werden.

Sure 2 (al-Baqara, «Die Kuh»), 85–86:

«Glaubt ihr denn nur einen Teil der Schrift, und einen anderen verleugnet ihr? Die Vergeltung für diejenigen unter euch, die so handeln, ist in diesem Leben nichts als Schande, und am Tag der Auferstehung werden sie der schwersten Strafe überantwortet werden; denn Allah bleibt nicht verborgen, was ihr tut. Und diese sind es, die das irdische Leben um den Preis des zukünftigen erkaufen; deshalb soll ihnen ihre Strafe nicht gemildert werden, nie werden sie Hilfe finden.»

Sure 2,88–90:

«Sie [die Juden] sagten: ‹Unsere Herzen sind unbeschnitten.› Aber nein! Allah hat sie ihres Unglaubens wegen verflucht, darum sind so wenige gläubig. Als ihnen nun ein Buch [der Koran] von Allah gegeben worden war, das die frühere Offenbarung bestätigte – und zuvor hatten sie um Beistand gegen die Ungläubigen gebetet –, als nun zu ihnen kam, was sie kannten, da verleugneten sie es. Allahs Fluch komme daher auf diese Ungläubigen! Für einen schlechten Preis verkauften sie ihre Seelen: Sie verleugneten, was Allah herabgesandt hat, aus Neid darüber, daß Allah etwas von seiner Huld herabsendet, auf wen von seinen Dienern Er will. Zorn über Zorn

haben sie sich so zugezogen. Schmähliche Strafe trifft die Ungläubigen.»

Sure 4 (al-Nisâ', «Die Frauen»), 160–161:
«Und wegen ihrer Sünden haben Wir denen, die Juden sind, köstliche Dinge verwehrt, die ihnen früher erlaubt waren, und weil sie viele von Allahs Weg abbrachten, und weil sie Wucherzins nehmen, obwohl er ihnen verboten ist, und weil sie das Vermögen anderer Menschen durch Betrug verzehren. Diesen Ungläubigen unter ihnen haben Wir schmerzhafte Strafe bestimmt.»

Sure 5 (al-Mâ'ida, «Der Tisch»), 32–34:
«Unsere Gesandten kamen zu ihnen [den Kindern Israels] mit deutlichen Zeichen; nach alledem aber verhalten sich viele von ihnen ausschweifend auf der Erde. Die Vergeltung für die, welche Allah und seinen Gesandten befehden und auf der Erde umherreisen, um Verderben zu stiften, soll dies sein: daß sie getötet oder gekreuzigt werden, oder daß ihnen die Hände und Füße wechselseitig abgehauen werden, oder daß sie aus dem Lande verjagt werden. Das ist ihre Strafe auf dieser Welt, und auch im Jenseits erwartet sie große Strafe. Ausgenommen sind die, die bereuen, bevor ihr sie in eurer Gewalt habt. Und wißt: Gegen sie ist Allah verzeihend und barmherzig.»

Sure 5,41:
«O Gesandter, lasse dich nicht betrüben durch die, welche miteinander im Unglauben wetteifern, durch die, welche mit dem Mund wohl sprechen: ‹Wir glauben›, während ihre Herzen nicht glauben. Unter denen, die Juden sind, sind welche, die auf Lügen hören, und sie hören auf andere Leute, die nicht zu dir gekommen sind. Sie entstellen den Sinn der Schriftworte und sagen: ‹Wenn euch dies Buch gebracht wird, dann nehmt es an. Wird es euch nicht gebracht, dann seid auf der Hut!› Für die, welche Allah in Versuchung führen will, wirst du bei Allah nichts tun können. Das sind die, deren Herzen Allah nicht

reinigen will. Für sie ist in dieser Welt Schande bestimmt und im Jenseits eine große Strafe.»

Sure 5,51:
«O ihr, die ihr glaubt, nehmt euch weder Juden noch Christen zu Freunden; denn sie sind untereinander Freunde. Wer von euch sie zu Freunden nimmt, der ist einer von ihnen. Ungerechte Leute leitet Allah nicht.»

Sure 5,64:
«Die Juden sagen: ‹Die Hand Allahs ist gefesselt.› Aber ihre Hände werden gefesselt sein, und verflucht seien sie für ihre Worte. Nein! Allahs Hände sind ausgebreitet, und Er spendet, wie Er will. Und was zu dir von deinem Herrn herabgesandt wurde, wird sicher bei ihnen das Übermaß ihres Frevels und ihren Unglauben noch vermehren. Feindschaft und Haß werden Wir bis zum Tag der Auferstehung unter ihnen erregen.»

Sure 9 (al-Tauba, «Die Umkehr»), 29–30:
«Bekämpft diejenigen, denen die Schrift gegeben wurde [Juden und Christen], die nicht an Allah und an den Jüngsten Tag glauben und die das nicht verbieten, was Allah und sein Gesandter verboten haben, und sich nicht zur Religion der Wahrheit bekennen, so lange, bis sie erniedrigt sind und den Tribut aus der Hand entrichten. Die Juden sagen: ‹'Uzair [Esra] ist der Sohn Allahs»; und die Nazarener sagen: ‹Der Messias [Christus] ist der Sohn Allahs.› Das ist ihre Rede aus ihrem eigenen Munde. Damit reden sie so wie die Ungläubigen zuvor. Allah schlage sie tot! [A. Th. Khoury übersetzt abschwächend: «Gott bekämpfe sie!»] Wie sind sie ohne Verstand!»

Sure 47 (Muhammad), 4–6:
«Wenn ihr auf die Ungläubigen trefft, dann schlagt ihnen den Kopf ab [Khoury übersetzt abschwächend: «Dann schlagt (ihnen) auf den Nacken»], bis ihr ein Gemetzel [Khoury: «eine große Niederlage»] unter ihnen angerichtet habt. Die übrigen legt in Ketten. Danach gilt es, sie aus Gnade oder

gegen Lösegeld zu entlassen, bis die Lasten des Krieges aufgehört haben. So soll es sein! Wenn Allah nur wollte, so könnte er auch selbst Rache an ihnen nehmen; aber Er will die einen von euch durch die anderen prüfen. Denjenigen, die in Allahs Weg getötet werden, läßt Er ihre Werke nie fehlgehen. Allah wird sie leiten und ihre Angelegenheiten in Ordnung bringen und sie in das Paradies eingehen lassen, das Er ihnen zu erkennen gegeben hat.»

Ausgewählte Bibliographie

«Antisemitismus» und «Antijudaismus»

J. Isaac, L'Antisémitisme, a-t-il des racines chrétiennes? Paris 1960.

K. Thieme (Hrsg.), Judenfeindschaft. Darstellung und Analysen, Fankfurt 1963.

K. H. Rengstorf/S. v. Kortzfleisch (Hrsg.), Kirche und Synagoge. Handbuch zur Geschichte von Christen und Juden, Stuttgart 1968 (2 Bände).

J. N. Sevenster, The Roots of pagan Anti-Semitism in the Ancient World, Leiden 1975.

M. Stern, Greek and Latin Authors on Jews and Judaism, Jerusalem 1976–1984 (3 Bände).

L. Poliakov, Geschichte des Antisemitismus I: Von der Antike bis zu den Kreuzzügen, Worms 1977.

J. L. Daniel, Anti-Semitism in the Hellenistic-Roman Period, JBL 98, 1979, 45–65.

B. Martin/E. Schulin, Die Juden als Minderheit in der Geschichte, dtv 1745, 1981 (darin: W. Schmitthenner, Kennt die hellenistisch-römische Antike eine «Judenfrage»?).

H. Schreckenberg, Die christlichen Adversus-Judaeos-Texte und ihr literarisches und historisches Umfeld (1.-11. Jh.), Frankfurt/Bern 1982.

J. G. Gager, The origins of anti-semitism. Attitudes toward Judaism in pagan and Christian antiquity, Oxford 1983.

Th. Klein et al., Judentum und Antisemitismus von der Antike bis zur Gegenwart, Düsseldorf 1984 (non vid.).

L. H. Feldman, Anti-Semitism in the Ancient World, in: D. Berger, History and Hate: The Dimensions of Anti-Semitism, Philadelphia 1986.

P. Richardson/D. Granskou (Hrsg.), Anti-Judaism in Early Christianity, Waterloo ON 1986.

I. Broer, «Antijudaismus» im Neuen Testament? Versuch einer

Annäherung anhand von zwei Texten (1 Thess 2,14–16 und Mt 27,24f.), in: L. Oberlinner/P. Fiedler (Hrsg.), Salz der Erde – Licht der Welt, Stuttgart 1991, Seiten 321–355.

J. D. G. Dunn (Hrsg.), Jews and Christians. The Parting of the Ways AD 70 to 135, Tübingen 1992.

Z. Yavetz, Judeophobia in Classical Antiquity: A Different Approach, JJS 44, 1993, Seiten 1–22.

C. A. Evans/D. A. Hagner, Anti-Semitism and Early Christianity: Issues of Polemic and Faith, Minneapolis 1993.

P. Borgen, Early Christianity and Hellenistic Judaism, Edinburgh 1996.

Z. Yavetz, Judenfeindschaft in der Antike, München 1997.

P. Schäfer, Die Manetho-Fragmente bei Josephus und die Anfänge des antiken «Antisemitismus», in: G. W. Most (Hg.), Aporemata: Kritische Studien zur Philologiegeschichte, Band 1: Collecting Fragments, Göttingen 1997.

P. Schäfer, Judeophobia. Attitudes toward the Jews in the Ancient World, Cambridge/Massachusetts/London 1998.

B. Schaller, Artikel «Antisemitismus/Antijudaismus» in: RGG, Tübingen ⁴1998, Band I, Seite 558–559.

C. P. Thiede, «Is the New Testament anti-Semitic?», in: The Church of England Newspaper (No. 5549), 2 February 2001, Seite 8.

A. v. Dobbeler, Wo liegen die Wurzeln des christlichen Antisemitismus?, in: Zeitschrift für Neues Testament (ZNT) 4/8 (2001), Seiten 42–47.

H.-F. Weiß, Noch einmal: Zur Frage eines Antijudaismus bzw. Antipharisäismus im Matthäusevangelium, in: Zeitschrift für Neues Testament (ZNT) 4/8 (2001), Seiten 37–41.

P. J. Tomson, «If this be from Heaven ...», Jesus and the New Testament Authors in their Relationship to Judaism, Sheffield 2001.

Allgemeine Darstellungen und Einzelstudien

A. Geiger, Was hat Mohammad aus dem Judenthume aufgenommen? Leipzig ²1902 (Nachdruck 1969).

A. I. Katsh, Judaism in Islam, New York 1954.

A. Lesky, Geschichte der griechischen Literatur, Bern [3]1971 (Nachdruck 1993).

K. Ziegler/W. Sontheimer (Hrsg.), Der kleine Pauly, München 1979 (6 Bände).

G. Stemberger, Das klassische Judentum. Kultur und Geschichte der rabbinischen Zeit, München 1979.

C. P. Thiede, «A Pagan Reader of 2 Peter: Cosmic Conflagration in 2 Peter 3 and the ‹Octavius› of Minucius Felix», in: Journal for the Study of the New Testament 26 (1986), Seiten 79–96.

G. Stemberger, Juden und Christen im Heiligen Land. Palästina unter Konstantin und Theodosius, München 1987.

E. J. Bickerman, The Jews of the Greek Age, Cambridge/London 1988.

M. Hengel, Judentum und Hellenismus, Tübingen 1988.

P. Bilde, Flavius Josephus between Jerusalem and Rome: his life, his work and their importance, Sheffield 1988.

J. Bouman, Der Koran und die Juden, Darmstadt 1990.

J. Lieu/J. North/T. Rajak (Hrsg.), The Jews among Pagans and Christians in the Roman Empire, London/New York 1994.

M. von Albrecht: Geschichte der römischen Literatur, München 1994 (2 Bände).

W. Dahlheim, Die griechisch-römische Antike, Paderborn/ München/Wien/Zürich [2]1994 (2 Bände).

F. W. Walbank, Die hellenistische Welt, München [4]1994.

E. Pöhlmann, Einführung in die Überlieferungsgeschichte und in die Textkritik der antiken Literatur (Band 1: Altertum), Darmstadt 1994.

P. Wick, «Ist 1. Thess. 2,13–16 antijüdisch? Der rhetorische Gesamtzusammenhang des Briefes als Interpretationshilfe für eine einzelne Perikope», in: Theologische Zeitschrift 50 (1994), Seiten 9–23.

H. J. Leon, The Jews of the Ancient Rome. Updated edition, Peabody 1995.

K. L. Noethlichs, Das Judentum und der römische Staat. Minderheitenpolitik im antiken Rom, Darmstadt 1996.

J. M. G. Barclay, Jews in the Mediterranean Diaspora. From Alexandria to Trajan (323 BCE – 117 CE), Edinburgh 1996.

S. M. Wylen, The Jews in the Time of Jesus. An Introduction, New York/Mahwah 1996.

S. Rothe, Philostrat, in: Metzler Lexikon antiker Autoren (Hrsg. O. Schütze), Stuttgart/Weimar 1997.

K. Jaroš, Der Islam IV. Biblische Heilige und Propheten im Koran, Ulm 1997.

M. Schöller, Exegetisches Denken und Prophetenbiographie: Eine quellenkritische Analyse der Sira-Überlieferung zu Muhammads Konflikt mit den Juden, Wiesbaden 1998.

K. P. Donfried/P. Richardson (Hrsg.), Judaism and Christianity in First-Century Rome, Grand Rapids/Cambridge 1998.

H.-L. Barth, Christus und Mohammed. Eine Auseinandersetzung mit dem Islam aus christlicher Sicht, Stuttgart 1998.

I. Mohsen, «Lesen und Deuten. Die Koranauslegung im Wandel der Zeiten», in: Welt und Umwelt der Bibel 15/1 (2000), Seiten 30–32.

S. Wild, «Der unübersetzbare Text», in: Welt und Umwelt der Bibel 15/1 (2000), Seiten 48–49.

J. H. Schoeps/H. Wallenborn (Hrsg.), Juden in Europa. Ihre Geschichte in Quellen, Band 1: Von den Anfängen bis zum späten Mittelalter, Darmstadt 2001.

C. P. Thiede, The Dead Sea Scrolls and the Jewish Origins of Christianity, Oxford [2]2001.

B. Tibi, «Repressive Toleranz. Der Islam und die Juden – ein zwiespältiges Verhältnis», in: Jüdische Allgemeine Nr. 02/02 (17.1. 2002), Seite 3.

C. P. Thiede, Ein Fisch für den römischen Kaiser. Juden, Griechen, Römer: Die Welt des Jesus Christus, Bergisch Gladbach [3]2002.

E. Baltrusch, Die Juden und das Römische Reich. Geschichte einer konfliktreichen Beziehung, Darmstadt 2002.

Die Autoren

Carsten Peter Thiede, Jahrgang 1952, ist Literaturwissenschaftler, Historiker und Papyrologe. Er lehrt an der Staatsunabhängigen Theologischen Hochschule Basel und ist assoziiertes Mitglied des Beirats am Zentrum für deutsche Studien der Ben Gurion University of the Negev in Beer-Sheva (Israel). Thiede ist u. a. Autor der Titel: «Der Jesus-Papyrus» und «Ein Fisch für den römischen Kaiser» (beide Luchterhand) sowie «Bibelcode und Bibelwort» und «Wer bist du, Jesus?» (beide Brunnen Verlag Basel). Mit seiner Frau und seinen drei Kindern lebt er in Paderborn.

Urs Stingelin, Jahrgang 1975, ist Altphilologe und Historiker. Er studierte Klassische Philologie an der Universität in Basel bei Prof. Joachim Latacz und bei Prof. Fritz Graf sowie Alte Geschichte bei Prof. Jürgen von Ungern-Sternberg. Urs Stingelin ist tätig als Verlagslektor und als Lehrbeauftragter für Griechisch an der Staatsunabhängigen Theologischen Hochschule Basel. Mit seiner Frau und seinem Kind lebt er in der Nähe von Basel.